기독교문서선교회(Christian Literature Center: 약칭 CLC)는 1941년 영국 콜체스터에서 켄 아담스에 의해 시작되었으며 국제 본부는 미국 필라델피아에 있습니다.
국제 CLC는 59개 나라에서 180개의 본부를 두고, 약 650여 명의 선교사들이 이동도서차량 40대를 이용하여 문서 보급에 힘쓰고 있으며 이메일 주문을 통해 130여 국으로 책을 공급하고 있습니다. 한국 CLC는 청교도적 복음주의 신학과 신앙서적을 출판하는 문서선교기관으로서, 한 영혼이라도 구원되길 소망하면서 주님이 오시는 그날까지 최선을 다할 것입니다.

이찬수 목사 | 분당우리교회 담임

스탠리 코언의 『잔인한 국가 외면하는 대중』은 현대인을 가리켜 타인의 고통에 대해 "무관심하고, 수동적이며, 냉담하고, 목석 같다"고 했다. 사람의 이기심 때문에 다양한 문제가 생기고 있는 것이다. 이런 상황 가운데 교회는 대안을 제시해야 한다. 또한 그 대안이 가능하다는 것을 몸소 실천해야 할 것이다. 주님이 우리를 "세상의 소금이요 빛"으로 부르셨기 때문이다.
한국 기독교의 놀라운 부흥은 한국 교회 초기 선교사님과 선배들이 이 역할을 잘 감당했기 때문에 가능했다. 그런 의미에서 류준영 목사의 『한국 초대 교회 공공신학』은 의미가 있다. 이 책에는 특별히 초대 교회의 모습뿐만 아니라, 그 정신을 그대로 구현하고 있는 교회들을 소개해 주어 많은 도전과 참고가 된다.
주님이 원하고 바라시는 교회, 이 시대에 마지막 소망이자 대안인 교회로 거듭나기 위한 도움과 힌트를 이 책을 통해 많이 얻게 되기를 소망한다.

민종기 박사 | 충현선교교회 담임목사

코리아타운이 공격받고 있다. 윌셔가(街)와 버몬트가가 만나는 번화가에 임시 노숙자 거주지를 세우겠다고 한다. 더구나 근 40년 동안 코리아타운으로 유지되던 곳의 60%에 이르는 지역을 방글라데시 구역으로 재조정하려는 시도가 있다. 이미 오랫동안 한인의 상권과 문화권이 된 지역을 정치인이 지역 주민에게 한마디 제안이나 상의도 하지 않고 이런 일을 진행하는 중이다.
교회가 이 일에 앞장서서 참여하기로 결정하였다. 각 교회는 코리아타운을 지키기 위하여 주일에도 열심히 투표 등록을 하고 있다. 로스앤젤레스의 한인 사회가 당한 도전을 보면서 교회의 공적 신앙이 더욱 필요한 때가 된 것을 느낀다. 이민 선배가 세우고 지켜 온 코리아타운의 60%를 빼앗길 수도 있는 문제를 놓고 투표를 준비하고 있다. 부지 선정을 위해 제대로 된 연구도 하지 않은 로스앤젤레스 에릭 가세티 시장과 허브 웨슨 시의회 의장을 향하여 소환운동과 5차 시위를 준비하는 중이다.
류준영 목사는 교회의 공적 영역 참여를 주제로 수년 동안 많은 노력을 하였다. 분주한 목회 활동을 하느라 내가 류준영 목사의 논문 지도를 맡는다는 것은 쉬운 일이 아니었다. 그러나 류준영 목사의 연구 과제와 논문계획서를 보았을 때, 이것은 내가 피할래야 피할 수 없는 과제라는 생각이 들었다. 한편으로 내 목회의 반성을 위함이었고, 다른 한편으로 '공적 신앙'이라는 목표를 다시 목회 속에 이루기 위함이었다. 류준영 목사와 함께해야 한다고 생각했는데, 그 이유는 그를 지도하기보다는 연구의 노정에서 같은 목표를 가지고 동행하기 위함이었다.
류준영 목사는 성실했다. 공공신학에 대한 국내외 경향을 살피는 데 민감하였고, 약간의 비평적 의견을 내면 그것을 잊지 않고 반드시 논문에 반영하였다. 더구나 한국 초대 교회에서 공공신학의 전통을 조망하는 것은 내가 하고 싶은 일이었는데, 귀중한 동역자가 열정으로 연구하고 집필하여 솔직히 고마운 마음을 숨길 수 없었다.

현실의 교회 안에 들어가 공공신학을 실천하는 현장을 그려 내는 류준영 목사의 글은 나의 목회 사역을 조망하고 또 교정하는 도구로 사용하면서 읽을 수 있었다. 한국의 용학교회, 미국의 오아시스교회와 리디머장로교회의 모습은 교회의 장소나 크기에 상관없이 교회가 사회 속에서 감당해야 할 역할을 잘 그리고 있다. 이글은 목회 현장에서 목회지가 지역 사회와 상관없는 "섬"(island)으로 존재하지 아니하고 주의 은혜를 세상에 전하는 "다리"(bridge)가 되려는 노력을 이루기 위해 중요한 도전을 주었다.

요즈음 교회에서 일어나고 있는 여러 문제 중 하나는 목회자가 지역 사회와 단절되고 또 주변 공동체에 별다른 관심을 두지 않는다는 것이다. 주님의 교회가 은혜의 통로로 이 세상에 선한 영향력을 미치지 못한다면 세상의 소금과 빛이 되기 어려울 것이고, 교회가 지역 사회에서 분리된 섬으로 존재한다면, 교회의 사회적 책임도 감당할 수 없을 것이다. 류준영 목사는 초대 한국 교회의 강력한 위상은 공적 신앙과 연결되어 있었음을 효과적으로 드러내고 있다. 지금도 공적 신앙의 영적 유전자를 가진 교회들이 부흥을 이루면서 역사적으로 독립 변수가 되는 역할을 감당하고 있음을 보여 준다.

마침 열정 속에서 부지런히 연구한 논문이 유수한 출판사에서 단행본으로 나오게 되었다니 기쁜 마음을 금할 수가 없다. 류준영 목사의 혼신을 다한 노력이 여러 믿음의 공동체를 구성하는 지체들에게 읽혀 좋은 열매로 나타나기를 기원하는 마음이다. 한국 교회뿐 아니라 이민 교회의 상황에도 중요한 공헌이 되기를 바라마지 않는다.

이학준 박사 | 풀러신학교 기독교윤리학 교수

류준영 목사의 『한국 초대 교회 공공신학』은 한국 개신교의 위기를 공공신학의 입장에서 분석했을 뿐 아니라, 공공신학의 이론과 실천을 한국 교회와 재미 이민 교회에 잘 적용시킨 좋은 책이다. 바른 기독교 영성을 세우고 바른 목회를 실천하고자 하는 분들에게 큰 유익이 될 것이기에 일독을 권한다.

김창환 박사 | 풀러신학교 공공신학 교수, 코리안센터 원장

최근 한국 교회에서는 신앙의 공공성에 대한 관심이 높아지고 있다. 저자는 이 책에서 한국 교회의 문제점이라 볼 수 있는 개인 구원에 대한 치중과 개교회주의에 대해 비판하면서 그에 대한 대안으로 공적 영성을 주장한다. 이 책에서는 공공신학에 대한 연구와 더불어 한국 개신교 초대 교회에서의 사회 문화적 개혁에 대한 공적 역할을 토론하고, 이어서 해방 후 공적 영성 약화에 대해 날카롭게 지적하며, 이러한 공적 영성이 실천되고 있는 교회를 분석함으로써 바람직한 지역 공동체의 모습을 제시한다. 이 책은 이론과 실제 사례를 깊이 있고 조화롭게 다룸으로 신학생, 일반 교인 그리고 목회자에게 매우 소중한 도움이 될 것이라고 보며 이에 적극적으로 추천하는 바이다.

신학박사 논문시리즈 44

한국 초대 교회 공공신학

한국 초대 교회 공공신학

2018년 10월 15일 초판 발행

지은이　｜ 류준영

편집　　｜ 권대영
디자인　｜ 서민정, 박인미, 박성준
펴낸곳　｜ (사)기독교문서선교회
등록　　｜ 제16-25호(1980.1.18)
주소　　｜ 서울특별시 서초구 방배로 68
전화　　｜ 02-586-8761~3(본사)　031-942-8761(영업부)
팩스　　｜ 02-523-0131(본사)　031-942-8763(영업부)
이메일　｜ clckor@gmail.com
홈페이지｜ www.clcbook.com

ISBN 978-89-341-1879-4 (93230)

이 도서의 국립중앙도서관 출판예정도서목록(CIP)은
서지정보유통지원시스템 홈페이지(http://seoji.nl.go.kr)와 국가자료공동목록시스템
(http://www.nl.go.kr/kolisnet)에서 이용하실 수 있습니다. (CIP제어번호: CIP2018029871)

이 책의 저작권은 저자와 (사)기독교문서선교회가 소유합니다.
신저작권법에 의하여 한국 내에서 보호받는 저작물이므로 무단 전재와 무단 복제를 금합니다.

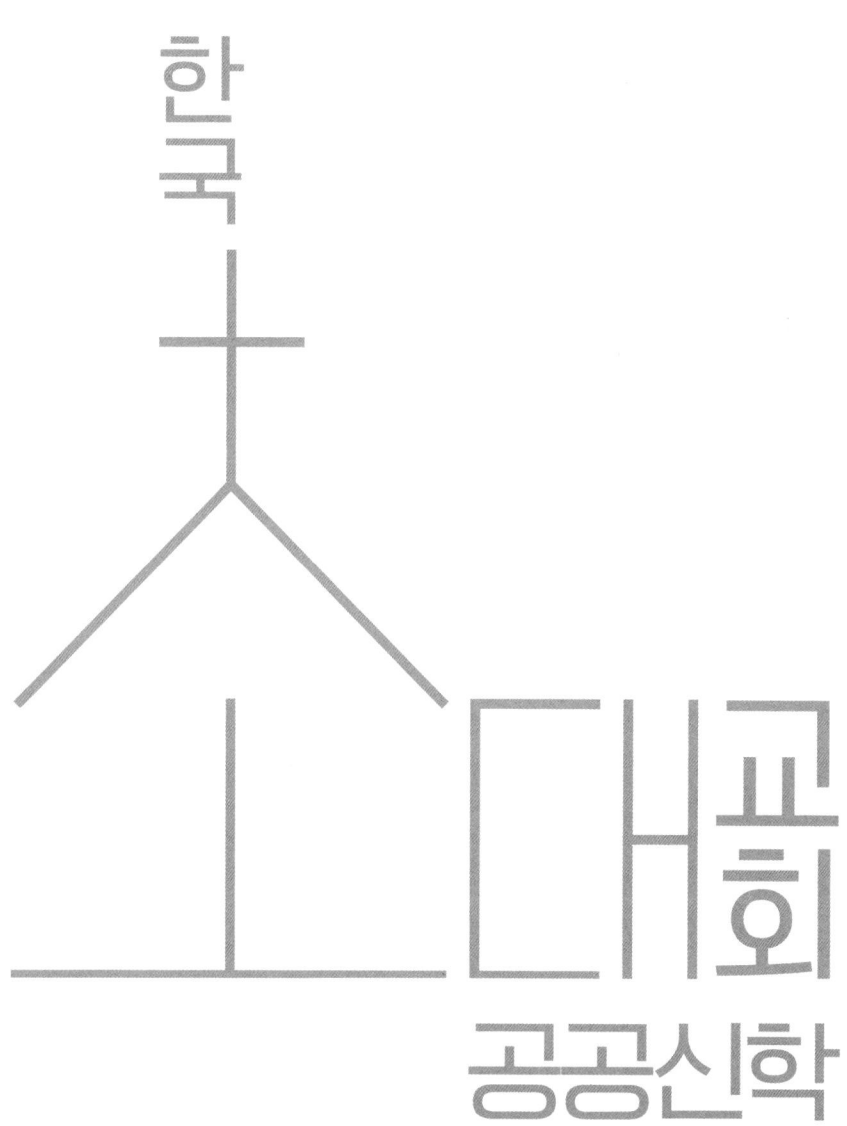

한국
교회
공공신학

류준영 지음

CLC

서문

지금 한국 교회가 맞고 있는 위기의 원인을 여러 가지로 볼 수 있겠지만, 전반적으로 교회가 대사회적인 공적 책임을 소홀히 한 데서 그 원인을 찾을 수 있다. 왜냐하면 서양인이 한국에 개신교를 선교한 지 100년이 조금 지났는데, 어느새 지나친 개인주의와 개교회주의적인 존재 방식에 너무 익숙해졌다는 의혹이 있기 때문이다. 그동안 개신교가 지역 공동체에는 무관심한 반면 개인 구원과 개교회 성장에만 집착하는 모습은 본격적으로 일반적인 현상이 되었다. 이로 인해 지금의 한국 교회를 가리켜 말씀은 넘쳐나지만, 그 말씀대로 사는 사람이 적은 것이 문제라고 지적한다. 이제 우리는 말씀과 함께 그 말씀대로 살아가는 신앙의 모습으로 체질 개선을 요구받고 있다.

각 지역 교회는 공적 교회로서 소속 지역 사회에서 교회의 공적 참여와 책임 실천을 통해 성육신적 사역을 해야 한다. 이를 위해 오직 복음 중심의 말씀 사역과 동시에 공공신학 실천을 위한 교육 강조 그리고 각 지역 사회가 안고 있는 공적 이슈에 관한 토의와 실행 방안 모색 등이 병행되어야 한다. 구체적인 실천 과제로는 다음 네 가지를 들 수 있다.

첫째, 우리의 신앙은 개인 구원에 대한 열심만큼 온 세상을 염두에 둔 공적 신앙이어야 한다. 따라서 대사회적인 공적 책임을 실천하는 분위기를 확산해 간다.

둘째, 개교회는 공동선(common good)을 위해 대화하고 소통하려는 자세로 공적 영역에 다가서야 한다. 이를 위해 지역 주민과의 공감과 인격적 소통의 자리로 나가야 한다.

셋째, 우리 개신교는 신앙의 고백에서 신앙의 실천으로 초점을 옮겨가야 한다. 즉, 기존의 정통 신앙이 정통 실천과 연결되어 '하나'가 되게 하고, 또 복음이 교회 안으로만 향하도록 할 것이 아니라, 지역 사회와 온 세상을 향해서도 드러나도록 강조해야 한다.

넷째, 모든 교회는 공적 영성을 중심으로 있는 곳에서 성육신적 사명을 감당함으로써 지역 사회에 더 깊이 헌신해야 한다.

각 지역에 위치한 교회는 해당 지역 사회에 언제까지나 무관심할 수만은 없다. 지역 사회가 안고 있는 다양한 문제가 교회의 공적 참여와 책임을 요구한다는 사실을 하루 속히 인식해야 한다. 왜냐하면 이런 방향으로 한인 교회가 체질을 개선하고 지역 주민을 향해 더욱 가까이 다가갈 때, 지금 보다는 훨씬 더 교회 사역을 잘 감당할 수 있을 것으로 확신하기 때문이다. 이 같은 공적 책임을 계속해서 정면으로 마주할 때, 교회의 실추된 공공성 회복은 자연스런 결과물이 될 것이다.

초기 한국 기독교 선교사에게서 복음을 전해 받은 한국 초대 교회는 비록 소수였고 가난했지만, 생명력이 넘쳤으며 영향력이 있었다. 이때 나타났던 우리 개신교의 공적 영성은 현재 약화된 교회 영성에 좋은 모델이 된다. 따라서 이 책에서는 초기 한국 기독교 선교사의 공적 영성과 이에 영향을 받은 한국 초대 교회를 통해 지금의 위기에 대한 해결책을 찾고자 하였다.

나는 33세에 신학교에 입학해 당시 미국 남가주의 대표적인 대형 교회에서 전도사와 부목사 사역을 하였다. 그 교회도 오랜 교회 분쟁에 예외는 아니었다. 지금 돌아보면 모두가 개인의 이기심과 주님의 몸보다는 사사로운 개인의 유익을 훨씬 더 우선시했기 때문이라 여겨져 마음이 무겁다. 예수님의 몸인 공적 교회로서 공적 책임과 사명은 이미 버려진 지 오래되었다. 이후 소형 교회에서 담임 목회 사역을 하기도 했지만, 5년을 조금 넘기자 스스로 사임하고 말았다. 오랫동안 지친 상황에서 다시 학교를 찾았다. 그리고 학교에서 목회와 거리를 두는 가운데 우리 개신교가 교회를 사기업처럼 인식해서 자신에게 주어진 공적 책임과 사명을 소홀히 한 것이 현재 한인 교회가 맞고 있는 위기의 주요 원인이란 사실에 비로소 눈을 뜨게 되었다.

그 결과 한국에 온 초기 선교사의 공적 영성을 통한 교회의 공적 책임의 실천이 이 시대 교회의 위기 극복 대안이란 점을 더욱 절실하게 확신하게 되었다. 우리 기독교 신학은 본질적으로 공적(openness)이다. 동시에 주님의 교회도 본질적으로 공적(public body)이다. 따라서 교회가 공적 교회로서 공적 책임을 실천하지 않고서는 진정한 교회로서 제 기능을 발휘할 수 없는 것이다.

지금은 한국 교회가 개인주의와 개교회주의를 넘어 그리스도 예수를 바라보고 닮아가는, 공적인 삶과 교회로의 부르심에 반응할 때다. 그래서 나라도 먼저 더욱 하나님 편에 서려 한다. 동시에 예수님을 닮아 예수님을 보여 줄 수 있는 삶을 실천하려 한다. 더 많은 하나님의 사역자가, 열정적인 형제자매가 함께 이 길을 가기를 진지하게 소망한다.

머리말

오늘의 한국 교회는 지역 공동체에 지나치게 무관심하다. 한국 교회의 개인 구원에 대한 집착과 개교회주의가 문제의 원인으로 지목된다. 교회는 이 같은 체질을 개선하여 지역 사회에 참여하는 자세로 나갈 때, 성육신적 사명을 잘 감당할 수 있다. 한국의 초대 교회에 나타났던 공적 영성을 통해 현재 약화된 공적 영성의 모델을 찾고자 한다. 오늘날 한국 교회는 당시에 공적 영역에서 공동선을 위해 소통하던 리더십과 공적 책임을 감당하던 모습을 지금의 상황에 맞게 적용할 수 있을 것이고 이로 인해 지역 공동체에 더 깊이 헌신할 수 있을 것이다.

이 책은 총 여섯 장으로 구성되어 있다.

제1장 서론에 이어 **제2장**에서는 공적 영성의 신학적 근거를 찾는 데 집중하였다. 이를 위해 공공신학에 관한 논쟁의 시작부터 그 성경적 근거와 원리 탐구 그리고 현대 신학자의 논의를 살펴보았다. 이어 공공신학의 틀 속에서 목회적 적용을 통해 사역의 영역을 제시하였다.

제3장에서는 한국 초대 교회에 나타난 공적 영성을 알아보기 위해 초기 한국 선교사의 역할과 영성에 대해 살펴보았다. 그들이 교회가 공적 책임을 실천하는 사회의 공적 기관의 모습을 갖게 하여 한국인과 함께 해 온 것을 보았다. 또 한국 초대 교회가 공적 영성을 중심으로 민족

의 아픔과 함께하는 신앙의 전통을 마련하였던 모습도 서술했다. 이것은 한국 초대 교회가 공적 영성을 통해 당시 한국 사회에 기독교 민족운동과 항일운동, 기독교 경제운동, 기독교 사회 개혁과 사회 문화운동의 영역에서 유의미한 영향력을 발휘했던 초기 교회사를 살펴보는 것이다.

제4장에서는 지금의 한국 교회가 초대 교회가 지녔던 공적 영성을 잃고 있다는 위기감을 인식하여 그 공적 영성이 사라지게 된 이유를 숙고해 보았다. 일제의 탄압과 해방 후 교회 분열, 또 신학의 부재로 인한 값싼 은총과 이분법적 사고와 이성 경시 태도, 그리고 도를 넘는 개교회주의로 인한 대사회적 역할과 균형 상실 등을 주요 원인으로 꼽았다.

이어 공적 영성의 회복을 위해 제기되는 기본적인 신학적 과제와 연동하여 대안을 모색하였다. 따라서 목회자의 신학적 성찰과 공공신학적 관점의 제고를 위한 방안을 제시하였다. 또 평신도 교육 사역을 통한 공적 영성 회복의 관점에서 기존의 공적 영역을 바라보는 시각의 변화, 지역 사회와의 만남 및 소통의 강조 그리고 공동선을 위한 다양한 협력의 필요성을 설명하였다.

제5장에서는 공적 영성의 회복을 위한 지역 참여와 사회적 책임을 실천하고 있는 교회 세 곳을 조사 연구하였다.

첫째, 한국의 용학교회는 92년 역사를 가진, 외진 곳의 소규모 지역 교회로서 전임 목사의 공적 영성에 집중한 목회 철학과 이를 통한 지역 사회 책임 수행의 모습을 살펴보았다.

둘째, 필립 와그너(Philiph Wagner) 목사 부부가 목회하는 미국 로스앤젤레스 오아시스교회(Oasis Church)로 다양한 인종과 문화적 배경을 가진 사람들이 교회 내외의 50개 '커넥트 그룹'으로 연결되어 사역하며 지역 사역과 해외 선교 봉사에 열정적으로 참여하는 모습을 살펴보았다.

셋째, 미국 뉴욕에 소재한 팀 켈러(Timothy Keller) 목사의 리디머장로교회(Redeemer Presbyterian Church)가 도시 지역 교회로서 도시가 갖는 전략적 중요성을 잘 이해하여 다양한 도시 문화 참여를 통한 사회적 책임과 역할을 실천해 온 것을 살펴보았다.

제6장은 결론으로 지금까지의 연구에 대한 결과를 정리하여 요약 및 제언을 하였다.

감사의 글

많이 부족한 사람을 이제까지 인도해 주신 하나님께 모든 감사와 영광을 돌립니다. 쉽지 않은 이민의 삶과 목회 가운데 낙심하고 넘어질 때도 있었지만, 하나님의 크신 은혜로 인하여 지금이 있음을 고백합니다. 10년 전, 부교역자 사역을 내려놓고 다시 찾은 풀러신학교(Fuller Theological Seminary)는 큰 위안이 되었고, 이후 만난 공공신학 과목은 처음 신학교에 입학할 때의 그 부르심을 다시 살려 주었습니다.

제게 공공신학을 가르쳐 주신 스승이 두 분 계십니다. 풀러신학교 동양인 최초 석좌 교수이신 이학준 박사님과 최근 코리안센터 원장으로 오셔서 강의해 주신 김창환(Sebastian Kim) 박사님이십니다. 깊이 감사드립니다.

이 책이 완성되기까지 도움을 주신 분이 계십니다. 바쁘신 이민 목회와 교수 사역 가운데도 좋은 책이 되도록 언제나 정성껏 지도해 주신 민종기 교수님께 깊은 감사를 드립니다. 목회학박사원 책임자(Academic Director)로 섬기시며 이 책의 완성을 위해 꼼꼼히 살펴 주신 조의완 박사님과 연구 시작부터 모든 진행 과정 가운데 친절한 안내와 따뜻한 격려를 아끼지 않으신 신웅길 박사님께 감사드립니다. 또 늘 기도해 주시는 북가주십자가교회의 주원명 목사님과 한미우크라이나선교회 김홍식 목사님께도 감사의 마음을 전합니다. 한국 교회가 직면한 여러 문제를 두고 고민이 깊으신 가운데 기꺼이 추천사를 써 주신 이찬수 목사님께도 고마운 마음을 전합니다. 특별히 출판을 담당해 주신 기독교문서선교회(CLC) 대표 박영호 목사님께 감사드립니다.

누구보다 간호사 일과 이민 목회를 마다 않고 기쁨으로 돌보며 수고를 아끼지 않은 평생의 친구요, 동역자요 사랑하는 아내인 류민경 사모와 또 바쁜 학업 가운데 아빠 목회를 위해 새벽마다 교회에 나와 피아노와 파워포인트 등으로 봉사해 준, 하나님께서 주신 가장 귀한 선물인 류진, 류선에게도 감사드립니다. 마지막으로 구순이 넘으셔서 아들 목사를 위해 기도하시는 어머니와 정성껏 음식을 만들어 주시는 장인, 장모님께 감사드립니다.

아무쪼록 이 책이 오늘 위기에 처한 한국 교회의 체질 개선을 돕고 그래서 지역 사회에서 교회의 공적 책임을 수행하는 자세로 변화할 수 있길 바랍니다. 교회들이 위치한 자리에서 성육신적 사명을 감당하기를 꿈꿉니다.

차례

추천사 _이찬수 목사/민종기 박사/이학준 박사/김창환 박사 **1**
서문 **6**
머리말 **9**
감사의 글 **12**

제1장 서론 **17**
1. 동기 및 목적 **17**
2. 주요 논지 **21**
3. 연구 방법 및 범위 **21**

제2장 공공신학에 대한 이해 **22**
1. 학문적 쟁점으로서 공공신학의 기반 **23**
2. 현대 신학자의 논의 **30**
3. 공공신학의 목회적 적용으로서 공적 영성 **56**

제3장 한국 초대 교회에 나타난 공적 영성과 그 사회적 영향 **71**
1. 초기 한국 선교사의 영향력과 공적 영성 **72**
2. 공적 영성으로 인한 사회적 영향 **85**

제4장 한국 교회의 공적 영성의 상실과 그 대안 모색 110
1. 공적 영성이 사라진 이유 111
2. 공적 영성의 회복을 위한 대안 모색 130

제5장 사례 연구 162
1. 용학교회 163
2. 오아시스교회 171
3. 리디머장로교회 183

제6장 결론 197
1. 내용 요약 197
2. 제언 200

참고 문헌 207

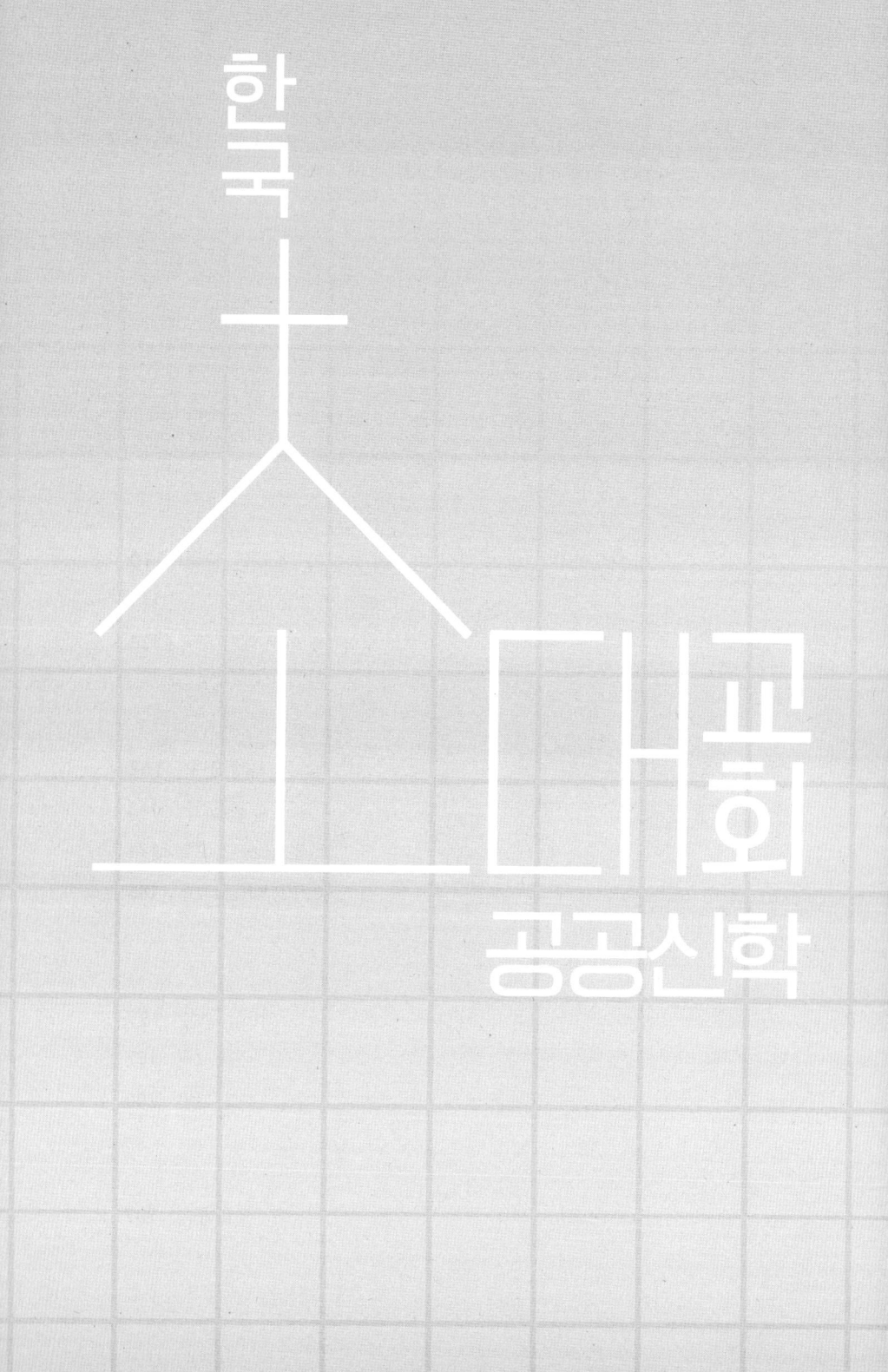

제1장

서론

1. 동기 및 목적

한국 교회는 짧은 기간 동안 자타가 공인하는 비약적 성장을 하였다. 그러나 서양인에 의한 개신교 선교 100년이 조금 지난 90년대부터는 정체를 넘어 감소 추세로 바뀌고 있다는 것이 일반적인 견해다.[1]

이학준은 현재 한국 개신교가 전래 이래 가장 큰 위기라며 "한국 개신교가 환골탈태의 노력을 통해 이 위기를 잘 극복하지 못한다면, 한국의 근현대사에서 한국 교회는 그저 약 120년의 짧은 시기에 잠깐 빛을 발하다가 어느 날 느닷없이 소수 종교로 전락한 전대미문의 종교가 될

---

[1] 그러나 2015년 한국통계청 자료에 따르면 개신교 18.2%(2005)에서 19.7%(2015), 천주교 10.8%(2005)에서 7.9%(2015), 불교 22.8%(2005)에서 15.5%(2015)로, 개신교가 1.5% 증가한 것으로 발표됐다. 이에 관해 3대 종교 모두 "납득하기 어려운 결과"로 받아들인다. 목회사회학연구소는 자료 분석 및 해석 발표문에서 "교회에서 사람이 줄어들고 있는 상황"이라며, 이같은 조사 결과의 원인으로 2005년과 크게 달라진 조사 방식, 증가한 '이단'(신천지 등)까지 개신교 통계에 포함 가능성 그리고 '가나안 성도의 증가'에서 찾았다. 따라서 "이번 조사에서 나타난 개신교의 성장 내지 유지가 좋아할 만한 일은 아니다"라고 주의를 촉구했다. http://www.newsnnet.com/news/articleView.html?idxno=4572 (2017년 2월 17일 접속). 한편, 2014년 한국갤럽 조사에서는 불교 24%(2004)-22%(2014), 개신교 21%(2004)-21% (2014), 천주교 7%(2004)- 7%(2014)로 나타났다.

지도 모른다"[2]는 우려는 귀담아 들어야 할 중요한 지적이다. 이 같은 현상은 현 한인 이민 교회도 마찬가지다.[3] 더욱이 낯선 이국 땅에서 익숙하지 않는 언어와 문화 충격을 겪으며 힘겹게 이뤄왔던 많은 이민 교회의 모습은 요즘 흡사 한쪽 다리로 위태롭게 서서 온갖 거센 비바람에 폭풍우까지 견디고 있는 모습이지 않나 싶어서 걱정이 앞선다.

예수님의 복음은 개인 구원과 함께 하나님 나라(the Kingdom of God)라는 공적 나라에 대한 선포였고, 그렇기 때문에 우리의 신앙도 개인 구원을 위한 사적 신앙(private faith)과 공동체 전체를 위한 공적 신앙(public faith) 두 가지로 존재한다. 그래서 사적인 신앙의 영역을 위한 역할과 사명에 집중하는 만큼, 공적인 영역을 위한 책임에도 소홀하지 않는 균형 있는 모습이 바람직한 현대 교회의 모습일 것이다.

그러나 한국 교회는 어떤가?

정도를 넘는 이기주의와 맞물려 개인 구원에 집착하고 또 각 지역 교회는 더 큰 양적 성장을 지향하는 모습의 개교회주의가 팽배하다. 이 같은 교회의 모습은 마치 생존하기 위해 몸부림치는 사기업적 생리를 닮아 있다. 분명 교회에게 주어진 거룩한 사명이 있고, 그 사명을 이루기 위해 여러 프로그램을 열심히 작동한다고 하지만, 실제 그 내면의 모습은 교인의 머리 숫자를 염두에 둔 비즈니스적인 마인드나 접근법과 크게 다르지 않은 경우를 쉽게 발견한다.

그렇기에 개교회의 존립을 위한 양적 성장에 도움이 되지 않는 이슈, 즉 지역 내 사회적 약자 문제, 구조적인 모순으로 인해 계속 확대 재

---

2 이학준, 『한국 교회, 패러다임을 바꿔야 산다』(서울: 새물결플러스, 2011), 19-20.
3 필자가 소속한 노회의 회원 교회 수가 필자가 목사후보생이었던 1998년 당시 45개에서 23개(2015)로 감소했다.

생산될 수밖에 없는 정치, 경제, 사회 문제, 대기·수질 오염으로 인한 환경 파괴 문제 등에 관해 소홀하거나 외면하게 된다. 이 외에도 교회의 지나친 부의 축적과 왜곡된 번영 신학, 그칠 줄 모르는 교회의 다툼과 분열, 이데올로기적 극한 대립과 맞물려 돌아가는 이분법적인 사고 등은 교회를 더욱 위기 가운데 몰아넣고 있다.

그 결과 교회가 특정 지역에 위치하고 있지만, 실제 지역 주민과 연결되지 못하고 오히려 외면당하는 실정이다. 이것은 2010년 기독교윤리실천운동본부가 설문조사한 결과 한국 개신교의 사회적 신뢰 지수가 20.0%로 한국 내 3대 종교 중 최하위라는 사실을 통해 더 잘 알 수 있다.[4]

"공적신학과 교회연구소(Institute of the Public Theology and Church) 이정표"라는 보고서는 한국 개신교가 교회를 노아의 방주 유형 혹은 구명선 형태로 여기는 경향이 많다고 진단하며 "이러한 경향은 '교회와 세상을 분리'시켜서 교회를 '세상이라는 바다'에 떠 있는 외딴 섬으로 만들어 왔다"[5]고 지적한다. 이 같은 상황에서 교회가 복음을 들고 나가 보았자 이를 바라보는 지역 주민의 반응이 차가워지고 냉담해지는 것은 부인할 수 없는 현실이다. 결국, 각 교회를 통해 하나님 나라가 올바르게 선포되지 못하는 것을 한국뿐 아니라, 이곳 이민 교회의 가장 심각한 위기로 받아들인다. 이제 우리 주변에서 쉽게 볼 수 있는 이런 교회의 모습은 그 체질적 개선을 강하게 요구받고 있다.

---

4 고재길, "하나님 나라와 지역 교회의 소통의 리더십," 공적신학과 교회연구소 편, 『하나님 나라와 지역 교회』(경기: 킹덤북스, 2015), 379. 여기서 가톨릭은 사회적 신뢰 지수가 41.4%, 불교는 33.5%라고 했다.

5 이형기 외, 『공적 신학과 공적 교회』(경기: 킹덤북스, 2010), 15.

척박했던 조선 땅에 복음을 전해 준 초기 선교사의 공적 영성과 이에 영향받은 초기 한국 기독교는 비록 소수였고 가난했지만, 생명력이 있었고 영향력이 있었다. 그래서 일제의 탄압과 학정 하에 신음하며 몸부림치는 민족의 고통의 멍에를 같이 메고 피 흘리는 생생한 모습이 있었다. 바로 이때 민족의 아픔을 가슴에 품고 함께 씨름했던 영성을 지금 한국 교회가 맞고 있는 위기에 대한 여러 해답 중 하나로 제시할 수 있다.

여기서 얻는 교훈을 통해, 목회자에게 지속적인 신학적 성찰과 공적 영성 회복 또 일반 은총에 대한 폭 넓은 수용의 자세가 요구된다. 그리고 평신도에게는 다양한 교육 사역을 통해 공적 영역을 대하는 자세 변화를 이끌어 타자와 인격적 만남의 자리로 나서도록 돕는다. 나아가 지역 사회에서 소통의 가치를 실천하는 모습으로 교회의 공공성을 높이고 함께 사회적 책임도 공감할 수 있는 의식의 변화와 구체적인 역할 수행이 현실화되어야 한다.

이 책은 한국 개신교 특히 한인 이민 교회에 약화된 공적 영성의 문제를 제기하고 이민 교회가 어떤 모습으로 체질을 개선해야 하는지, 한국 초대 교회에 나타났던 공적 영성을 통해 그 대안을 조심스럽게 찾아보려 한다. 그래서 지역 사회에서 성육신적 사명을 감당하는 교회가 되도록 미력하나마 지역을 섬기는 것을 목적으로 한다.

2. 주요 논지

오늘의 교회는 지역 공동체에 지나치게 무관심하다. 이 같은 체질을 개선해서 지역 사회에 참여하는 자세로 나갈 때, 교회는 성육신적 사명을 보다 잘 감당할 수 있다. 초기 한국 기독교에 나타났던 공적 영성을 통해 현재 약화된 공적 영성의 모델을 찾을 수 있다. 공적 영역에서 공동선을 위해 소통하는 리더십과 사회적 책임을 함께 공감하는 모습을 오늘의 교회 상황에 맞게 적용한다면, 지역 공동체에 더 크게 헌신할 수 있다.

3. 연구 방법 및 범위

공공신학 이해를 위한 이론 연구 방법론은 필자가 연구하고자 하는 사회 참여적인 교회와 연결할 수 있도록 공공신학 영역에 집중한 문헌 연구로 한다. 또, 이 체계 속에서 목회적 적용으로 공적 영성 회복을 통해 감당해야 할 여러 유형의 사역 영역과 기존에 있던 관련 연구를 살펴본다.

그리고 한국 초대 교회사에 나타난 공적 영성과 당시 사회적 영향 탐구도 관련 기독교 역사 서적 연구를 통해 진행한다. 이어서 한국 초대 교회에 나타났던 공적 영성의 상실과 이에 따른 대안 모색도 이미 발표된 최근 문헌 탐구로 한다. 그리고 사례 연구를 위해 미국의 경우 가능한 직접 인터뷰와 교회 웹사이트 및 관련 자료를 수집하여 분석하고, 한국의 경우 전화 인터뷰와 해당 자료의 비교 분석으로 진행한다.

제2장

공공신학에 대한 이해

　교회는 단순히 사인의 모임이 아니라 공적인 공동체다. 또 교회에 관한 신학은 하나님 나라의 신학이며 바로 이 하나님 나라의 지평 속에서 공공신학이 있다. 즉, 나 자신을 넘어 '우리'의 실질적인 삶이 그리스도를 바라보고 닮아가는 공적인 삶으로의 부르심이 하나님 나라와 관련되기 때문이다. 그래서 공공신학은 이 땅을 살아가는 그리스도의 사람들이 개인의 영혼 구원 문제가 중요한 만큼, 지금 현재 우리 모두가 겪고 있는 다양한 상황과 공공의 문제도 중요하게 다룬다. 그리고 이 같은 이슈에 실천적으로 반응하고 행동함으로써, 교회의 공공성과 사회적 책임을 소홀히 하지 않는다.

　예수님도 산상수훈의 말씀을 통해 우리 그리스도의 사람을 '세상의 소금과 빛'이라고 하시면서, 삶의 현장에서 바로 이 소금과 빛처럼 살아내면서 그 사명을 감당하라고 말씀하셨다(마 5:13-16). 그래서 본 장에서는 공공신학에 대한 이해를 위해 역사적 논쟁의 출발점과 학문적 논쟁점으로서 구약성경과 신약성경의 근거와 원리를 살펴보고자 한다.

1. 학문적 쟁점으로서 공공신학의 기반

공공신학(Public Theology)[1]이란 용어는 현재 상대적으로 익숙하지 않아 전문적인 의미로 사용되고 있다. 그렇지만, 공공신학은 다른 신학과 마찬가지로 기독교 신학으로서 오래된 성경적 근거와 역사를 갖고 있다.

1) 역사적 논쟁의 시작

교회의 공적 책임과 참여 문제 그리고 정치 사회 공동체와의 관계성을 신학적 또 윤리적으로 전개한 대표적인 고전 신학자로 어거스틴(St. Augustine)을 들 수 있다.[2] 교리사와 윤리사의 관점에서도 어거스틴의 신학적 사회 윤리가 개신교와 가톨릭 양쪽 모두 중요 토대가 된다는 점에서, 필자가 살펴보고자 하는 공공신학의 역사적 논쟁의 출발점으로 보는 것이 적절하다. 일반적으로 공공신학은 스코틀랜드, 영국, 미국, 독일을 중심으로 한 시민 종교에 대한 논의와 함께 시작됐으며, 영국과 스코틀랜드는 세속화와 여성 해방운동의 역사적 결과로 또, 미국의 경우는 시민 종교의 대한 논의와 함께 출발되었다.[3]

---

1 'Public Theology'는 "공공신학" 혹은 "공적신학"으로 번역된다. 이 책에서는 주도적으로 "공공신학"이란 용어를 사용하고자 한다.
2 이창호, "기독교의 공적 참여 모형과 신학적 '공동의 기반'의 모색," 「기독교사회윤리」 제31집 (2015), 67.
3 김형민, "공적 교회의 윤리적 책임," 「기독교사회윤리」 제26집 (2013), 102-103.

벨라(Robert Bellah)는 그의 논문 "미국에 있어서 시민 종교"(1967)에서 시민 종교를 "사회에 일반화된 공적 종교"라고 부름으로써, 마틴 마티(Martin Marty)가 1970년대에 라인홀드 니버의 공헌에 관하여 언급하면서 '공공신학'(a public theology)이란 용어가 등장하였다.[4]

그렇지만 이미 구약성경과 신약성경의 여러 사건조차 이스라엘 민족이라는 공적 공동체 속에서 경험했던 공공의 사건이었다. 결국 공공신학은 현대 개신교의 한국적 목회 상황에서 다소 생소하게 여겨지는 신학의 한 분야처럼 여겨지지만, 실제는 최근 갑자기 등장한 전혀 새로운 신학의 영역이 아니다.[5]

일찍이 라인홀드 니버는 국가와 개인 사이에 제3의 영역이 있다고 보았다. 그는 이 영역을 '공공'이란 이름으로 설명했으며 바로 이 공공이란 영역에 속하는 자발적인 결사체를 교회로 보고 교회의 역할의 중요성을 역설하며 공공신학의 과제를 교회와 국가, 교회와 시민 사회 그리고 국가와 시민 사회의 관계까지 모두 포괄하는 개념으로 확장시켰다.[6]

이어 미국의 대표적인 공공신학자인 맥스 스택하우스(Max L. Stackhouse)는 니버의 주장을 따라 시민 사회를 위한 기독교 사회 윤리로 공공신학을 전개했는데, 그는 국가와 개인을 중재하는 제3의 영역인 공적 영역 혹은 시민 사회를 위한 기독교 사회 윤리라는 차원에서 신학의

---

[4] 이형기, "교회의 본질과 교회의 공적 책임," 이형기 외, 『공적 신학과 공적 교회』, 115.
[5] 불과 2-3년 전까지만 해도 필자에게 '공공신학'은 새로운 분야였다. 또 이 책을 저술하며 몇몇 동료 목회자들과의 대화를 통해서도 피차 마찬가지란 사실을 확인할 수 있었다.
[6] 장신근, "공적신학이란 무엇인가?," 이형기 외, 『공적 신학과 공적 교회』, 72; 김명배, "일제하 기독교 경제운동에 관한 공공신학적 성찰과 한국 교회의 과제," 「기독교사회윤리」 제23집 (2012), 127.

공공성을 논했다.⁷

이 같은 논쟁은 교회 안으로만 잔뜩 움츠러들고 대사회적인 역할과 사명에 대해서는 극도의 소심증을 보이고 있는 현대 교회가 염두에 두어야 할 중요한 통찰이다. 그 이유는 오늘날 대부분의 현대 교회와 신학이 보여 주는 개교회의 성장과 개인의 영혼 구원만을 목적으로 삼는 모습은 교회와 신학의 공공성과는 이미 거리가 멀기 때문이다.

> '적어도 여러 교파들과 신학들'이 오늘의 글로벌 이슈들을 함께 풀어 나가고, 나아가서 타 종교들 및 타 학문들과의 대화와 파트너십과 연대성을 가지고 그와 같은 글로벌 이슈들에 대한 대안을 제시하려고 할 때, 공적신학은 현실화될 것이다.⁸

따라서 공공신학이 다루는 영역은 교회 안을 넘어, 교회 밖 곧 교회가 몸담고 있는 지역 사회와 국가 사회까지 포괄해야 한다는 주장이다. 그리고 이곳에서 일어나는 여러 다양한 이슈를 모두 신학적 주제로 삼는 것이다. 이 같은 측면은 니버와 스택하우스의 논의에서 볼 수 있듯이, 교회가 공공신학의 관점으로 국가와 시민 사회 모두 포괄해 나가야 한다는 의식의 전환과 마주하게 된다. 동시에 기독교 사회 윤리가 지녀야 할 신학의 공공성과 함께 사회적 책임을 부정하지 않고 긍정적 기여를 위한 참여를 강조하는 것이다. 장신근의 공공신학의 정의를 요약한 것이다.

---

7 김명배, "일제하 기독교 경제운동에 관한 공공신학적 성찰과 한국 교회의 과제," 127.
8 이형기, "교회의 본질과 교회의 공적 책임," 116.

첫째, 공공신학은 하나님 나라를 지향하는 가운데 끊임없이 오늘의 상황과 공적 이슈와 대화하는 신학이며 동시에 행동을 중시하는 신학이다. 공공신학 특히, 공공 실천신학은 창조, 해방, 구원, 통치하시는 '삼위일체 하나님의 프락시스'(praxis of Triune God)를 교회와 그리스도인이 수행해야 할 가장 중요한 규범으로 삼는다.

둘째, 공공신학은 그리스도의 증언(Christian witness)으로서 공적 참여(engagement)를 중시하는 신학이다. 주요 과제는 정치, 경제, 사회, 문화, 생태 등 다양한 분야의 공적 이슈에 참여하는 것을 넘어서 지구-지역적 공적 이슈를 깊이 있게 신학적으로 성찰하는 것부터 시작한다.

셋째, 공공신학은 기독교적 정체성과 공적 삶을 향한 관계성 사이의 역동적 대화를 지향하는 신학이다.

넷째, 공공신학은 다양한 형태의 신학에 기초하여 신학의 공적 사명을 이해하고 실천하는 신학이다.

다섯째, 공공신학은 공교회(public church) 형성과 공적 신앙(public faith) 양육을 지향하는 신학이다.

여섯째, 공공신학은 지역-지구적(glocal)이며 에큐메니칼 연대를 추구하는 신학이다.

일곱째, 공공신학은 공동의 선을 지향하는 학제 간 대화(interdisciplinary dialogue)를 지향하는 신학이다.[9]

---

9   장신근, "공적신학이란 무엇인가?," 73-79.

2) 성경의 원리에 대한 탐구

구약성경에서 볼 수 있는 이스라엘 공동체의 모습은 개인적 차원의 사적 스토리라기보다는 공동체적 차원의 공적 스토리를 더 중요하게 다루고 있다. 12지파로 이루어진 종교적이며 정치적인 공동체의 모습이 그것이고, 창조와 출애굽이라는 역사에서 보듯이 왕과 제사장을 중심으로 하는 정치 및 종교 공동체로서 종교가 공동체의 공공의 가치를 제시하고 이끌어 갔던 모습이 바로 그것이다.[10]

모세 오경에 기록된 십계명은 이스라엘이라는 공동체의 핵심적인 규범이 되어 그들을 공적인 삶의 길로 이끌었고, 이 규범에 담겨진 하나님에 대한 신앙과 이웃에 대한 윤리는 서로 구별된 개념이 아닌, 상호 의존적인 관계를 위한 규범으로 작동하였다.[11]

> 오경에 나타나는 하나님 신앙에 기초한 이웃 사랑은 오늘의 공공신학이 지닌 사회 개혁적 차원에 대한 가장 핵심적인 원천 중의 하나라고 할 수 있다.[12]

여기서 알 수 있듯이, 구약의 모세라는 지도자의 활약 시기부터 이미 하나님에 대한 신앙만큼 이웃에 대한 윤리도 강조된 것을 볼 수

---

10 Ibid., 29. 사실, 구약의 출애굽기는 구원, 해방, 정치 체제의 변혁과 관련된 공적 주제를 다루고 있는 최초의 서술이다. Michael Walzer, *Exodus and revolution* (New York: Basic Books, 1985), 9-14.

11 장신근, "공적신학이란 무엇인가?," 29.

12 Ibid.

있다. 따라서 이때의 중요한 원리로는, 하나님을 사랑하는 사람은 그만큼 관심과 사랑을 갖고 사회적 약자도 대했다는 것이다.

이어 예언서에 와서는 특별히 가난하고 고통당하는 이웃과 전체 공동체를 향한 하나님의 선의 강조와 이를 통한 공공선의 회복에 관해 기록한다. 또한 예언서는 오경에 기초해서 공동체 전체의 복지를 강조하며 특히 사회적 불의와 기득권자를 향한 하나님의 심판과 회개가 촉구된다. 이것은 정의로운 사회를 만들기 위한 데 목적이 있으며, 이런 의미에서 지금의 공공신학이 지향하는 사회 개혁적 정신의 뿌리를 찾을 수 있다. 이것은 당시 현실에 기반을 둔 가운데 "이스라엘 예언자들은 자기 시대에 공적 영향력을 행사"했던 모습을 통해, 오늘 교회도 공적인 책임과 과제가 있다는 사실을 보여 준다.[13]

또한 지혜 문학에서는 하나님의 지혜와 인간의 보편적인 지혜(고대 근동의 여러 지혜 문학)를 함께 다뤘던 내용을 통해 공공신학의 변증론적(apologetic) 시도와 유사점을 발견할 수 있다.[14] 다시 말해, 지혜 문학이 하나님의 지혜와 인간의 보편적인 지혜를 함께 다룸으로써, 하나님의 형상을 지닌 우리 모든 인간의 이성적 능력에 대해 긍정적으로 평가한 것을 볼 수 있다.

다음은 신약의 복음서에서 예수 그리스도가 선포한 복음과 하나님 나라, 곧 하나님의 통치의 개념을 통해 공공신학의 근거를 확인할 수 있다. 예수 그리스도의 복음은, 개인의 영혼 구원과 이 세상에 하나님의 통치가 임하도록 하는 일을 서로 분리한 의미가 아니었다.[15] 예수는 복

---

13 김형민, "공적 교회의 윤리적 책임," 85-86.
14 장신근, "공적신학이란 무엇인가?," 30.
15 윤철호, "공적신학의 주요 초점과 과제," 「한국조직신학논총」 제46집 (2016), 181.

음 선포를 통해 이 땅에 하나님의 통치가 이루어져서 모두에게 진정한 사랑과 정의와 평화가 실현되길 원했다.

> 하나님의 통치가 이 세상에서 실현되기 위해서는 정치, 경제, 문화를 포함한 사회의 모든 영역에서 하나님의 뜻이 이루어져야 한다.[16]

그래서 구약에서 강조된 공동체를 위한 여러 규범은 예수가 선포한 복음 아래 더욱 강화된 가르침과 윤리로 제시되어 신약 시대에 예수를 따르는 사람들이 구체적으로 어떻게 실천해야 하는지를 잘 보여주고 있다.

사도 바울은 그리스도의 사람들이 세상에 살면서 화해를 위한 일꾼으로 살 것을 권면한다(고후 5:19). 잘 알고 있듯이, 초기 기독교의 신자들은 남녀노소를 차별하지 않았다. 그리고 노예와 주인이라는 신분의 문제, 유대인과 이방인 같은 인종적 장벽도 뛰어넘을 수 있었다. 그래서 그들은 모두 함께 한 식탁에 둘러앉아 서로 교제하며, 진정한 사랑과 화평의 공동체를 이룬 모습을 보여 준다.

> 처음부터 예수 그리스도의 복음은 사적 영역만 아니라 공적 영역에서 살아가는 백성으로서의 책무를 다하는 그리스도인을 창출해내었다.[17]

---

16 Ibid., 182.
17 김영동, "공적 선교신학 형성의 모색과 방향,"「장신논단」46(2) (2014), 301.

2. 현대 신학자의 논의

앞에서 살펴본 성경과 기독교 역사 속에 나타난 공공신학과 관계된 여러 중요한 전통은 계속해서 기독교 역사와 다양한 신학적 연구를 통해 전개되어 왔다. 물론 개인적인 신앙 추구와 교회의 본질적인 모습을 지켜내기 위한 힘겨운 싸움에 집중했던 전통과 신학도 많았다. 그러나 모든 사람과의 관계를 중시하고 또 악한 소수가 주도하는 사회를 향해 용기 있게 변화를 주장하며, 인간의 보편적 이성을 하나님의 창조 섭리로 긍정적으로 평가했던 모습이 있었다.

그리고 온 세상을 향해 기독교가 강조하고 있는 진리를 놓고 함께 대화하고 소통하고자 하는 노력도 존재했다. 여기서 볼 수 있는 바로 이 같은 공적 형태의 노력은 현대의 공공신학을 형성하는 데 소중한 뿌리가 되었다. 1970년대 이후 공공신학에 대한 연구가 영국, 독일, 북미, 아프리카, 아시아에 이르기까지 폭 넓게 진행되어 왔다. 여기서는 영국, 미국, 독일과 제3세계 신학자로 나눠 살펴본다.

1) 영국

(1) 던컨 포레스터(Duncan Forrester)

포레스터는 1960년대 정치신학과 해방신학에서 공공신학이 나온 것으로 본다.[18] 그는 1980-90년대 영국 에딘버러대학교의 '신학과공공

---

[18] Duncan B. Forrester, Studies in Christian Ethics 17/2, "The Scope of Public Theology" (August 2004), 14. 그러나 사실상 공적 신앙은 1960년대 보다 훨씬 앞선 시기로 개신교의 역사와 궤를 같이한다. 먼저, 마틴 루터의 '직업소명론'과 '만인제사장설'(모든 그리스도인이 서로에

문제연구소'(Center for Theology and Public Issues)를 중심으로 공공신학을 전개해서 정치, 사회, 경제적 상황과의 대화를 통해 관련 분야의 다양한 전문가와 함께 공적 사안을 다루는 방법론을 확립했다.

그런데 그에게 신학이란 공중(a public)에 참여하는 행위로서, 항상 포럼(forum)과 광장(agora) 같은 개방된 곳에서 행하는 것을 의미한다.[19] 여기서 개방이란 대화를 의미하며, 이것은 타인을 위한 설득(복음선포, 기독교의 진리에 대한 옹호, 타인의 귀에 초점을 둠)과 타인에 대한 수용(주의 깊게 경청, 자신의 귀에 초점을 둠)도 포함한다.[20]

포레스터는 이같은 신학 이해를 바탕으로 공공신학을 전개한다. 그래서 신학이 갖는 본성적 공공성을 부각시키려고 노력한다.

> (포레스터는) 신학과 종교의 영향력이 오로지 사적인 삶 또는 개인적 주관성에만 한정된 것이라고 보았던 그 당시의 개념을 거부한다.[21]

공공신학이 관여하는 현장으로는 교회, 아카데미, 사회의 여러 공중

대해 제사장이라는 사실은 이것이 특권일 뿐 아니라 책임이며, 신분이자 봉사라는 것을 말한다)이다. Timothy George, 『개혁자들의 신학』(Theology of the Reformers), 이은선, 피영민 역 (서울: 요단출판사, 2000), 109. 그리고 또, 존 칼빈의 '하나님 주권 사상'(하나님이 이 세계 모든 영역의 창조자이기 때문에 하나님의 절대 주권은 모든 영역에 이른다는 것)이 있다. 김봉환, "하나님의 절대주권과 인간의 책임," 「칼빈신학논단 1」, 10-03-2007.

19 장신근, "공적신학이란 무엇인가?," 39-40. 여기서 장신근은 "포레스터는 종교 또는 신학은 단지 사적인 삶에만 영향을 끼친다거나 이것이 개인적 주관성(individual subjectivity)의 기능이라는 주장을 모두 거부한다. 그는 개인적 친밀성의 영역과 기구적인 것 사이의 구별은 가능하지만 양자는 서로 분리되지 않고 지속적인 상호관계 속에 있는 것으로 본다"고 했다(39).

20 Andrew R. Morton, "Duncan Forrester: A Public Theologian," William F. Storrar and Andrew R. Morton, eds., *Public Theology for the 21st Century* (Edinburgh: T&T Clark, 2004), 27.

21 Ibid., 25.

과 이들이 갖고 있는 다양성을 강조함과 동시에 이들 간에 상호 연결성을 중요하게 여긴다.²² 포레스터는 이같이 공중의 다양성과 상호 연결성을 강조하는 가운데 특별히, 소외된 사람이 직접 참여할 수 있도록 해야 한다는 점을 강조한다.²³

따라서 그의 공공신학 영역은 교회 안과 기독교 공동체에 대한 관심에 국한되지 않는다. 대신에 교회 밖, 즉 대중 사회 속에서 진행되는 대화와 토론 과정의 참여를 통해, 이 세상의 변화와 미래의 방향까지 제시한다. 그래서 그의 공공신학이 지향하는 것은, 다양한 전통과 신념이 존재하는 삶의 광장에서 신학적 실천을 추구한다는 것이다. 그러기 위해서, 그는 "세상의 이슈 안에 세속적인 세상에 관여함과 동시에 도움이 되는 자료를 얻기 위해서는 기독교 전통에 깊게 파고들 것"도 강조한다.²⁴

(2) 올리버 오도노반(Oliver O'Donovan)

오도노반은 현역으로 활동하며 영국 정치신학을 대표하는 기독교 윤리학자다.²⁵ 먼저, 오도노반은 어거스틴 계열의 정치신학을 전개하며,

---

22 Ibid, 29-31.
23 특히, Forrester의 신학을 계승한 Storrar는 "다원주의적 공적 영역에서 자신의 의견을 다른 많은 의견 중 하나로 여기고, 함께 참여하며, 다원주의적 시민 사회의 한 동반자로서 자신의 역할을 다해야 한다"고 했다. William Storrar, "2007: A kairos moment for public theology," *International Journal of Public Theology*, 1. 2007, 16.
24 Duncan B. Forrester, "Working in the Quarry: A Response to the Colloquium," William F. Storrar and Andrew R. Morton, eds., *Public Theology for the 21st Century*, 431.
25 O'Donovan은 옥스퍼드대학교에서 지난 2006년까지 24년을 신학 교수로 재직하며 영국의 대표적인 기독교 윤리학회인 Society for the Study of Christian Ethics의 회장으로도 섬겼다. 또 그는 영국 에든버러대학교 공공신학부 교수다.

어거스틴의 '정의로운 전쟁'(just war) 논리를 지지하는 기독교 현실주의자다.[26] 그러나 이슈를 풀어 가는 접근법은 리처드 니버 같은 기독교 철학 방식을 택하고, 정치신학 입장은 여전히 어거스틴 계의 라인홀드 니버식 현실주의 방법론을 따른다.[27]

오도노반은 정치신학을 전개하는 과정에서 성경 읽기에 대한 관심을 촉구한다.

> 이 시대에 정치신학의 회복을 이끌어 낼 수 있는 기쁨은 바로 성경을 읽는 것으로 시작된다.[28]

다시 말해서, 공적 영역에서 일하는 기독교 활동가에게 있어 중요한 점이 세상 정치에 대한 관심과 그 흐름을 파악해 가는 것에 앞서, 성경을 통해 성경적 실천의 모범을 배우고 성경적 안목을 갖추는 것이란 점을 강조하고 있다. 그래서 그는 다음과 같이 말한다.

> '믿음'은 실천적 범주가 되고 실천적 의미를 얻게 됩니다. … 믿음은 신약성경의 가장 실천적 범주라 할 수 있습니다. 신약성경은 믿음을 살아있어 활동한다고 말합니다. 우리는 이런 식으로 성경으로 돌아가야 합니다. 우리는 성경 이야기, 설명, 선포에서 실천의 범주를

26　김동환, "올리버 오도노반의 정치신학," 「기독교사회윤리」 제32집 (2015), 191-192.

27　Ibid., 193.

28　Oliver O'Donovan, *The Desire of the Nations: Rediscovering the Roots of Political Theology* (Cambridge: Cambridge University Press, 1996), 21.

발견하고 경이로워할 수 있어야 합니다.²⁹

따라서 오도노반은 성경을 통한 예수론(Jesusology)보다는 그리스도론(Christology)을 주장하고, 오늘 교회가 강조해야 할 믿음의 대상으로 나사렛의 예수 사건보다는, 구세주로서 그리스도의 구속사적 입장에 초점을 둔다. 그래서 그는 말한다

> 신학의 중요 담론은 그리스도론이다. 만일 정치신학이 예수론 안으로 스스로를 던져 그 책임을 다할 수 없다면, 그리스도론적으로 (Christologically) 어떻게 사역을 감당해야 하는지 숙고해 봐야 한다.³⁰

특히, 오도노반은 신학을 정치와 분리시키는 것을 반대한다. 오히려 신학이 복음적으로 가려면 정치적이어야 한다는 주장을 펼친다. 그래서 그는 철학적이고 성경적인 접근 방법을 통해 현대 정치신학을 통전적으로 바라보고자 하며, 이런 흐름 속에서 신학과 정치 사이에 '복음'이란 키워드를 화두로 삼는다.³¹

따라서 그에게 신학은 복음적(evangelical)이어야 하는데, 그리스도의 복음에 대한 강조와 함께 복음이 갖는 역동성으로 인해 세상을 향한 복

---

29 김진혁, "세계 신학자와의 대화 5: 기독교 윤리를 넘어 정치신학으로-올리버 오도노반," 「기독교사상」(대한기독교서회), 2013, 166.
30 Oliver O'Donovan, *The Desire of the Nations*, 123.
31 김동환, "올리버 오도노반의 정치신학," 198-199. O'Donovan의 이같은 제안 속에는 "복음의 본질, 즉 복음이 세상 속에 뛰어들어도 어떻게 계속 영적일 수 있으며, 세상의 권력과 마주 대하면서도 어떻게 계속 권위적일 수 있는지를 잘 대변해주고 있다"고 말한다(201).

음적 사명을 감당하는 방향으로 나가는 것을 포함한다.[32] 이와 같이 세상 속에서, 세상을 향한 사명 감당을 위해서는 정치라는 현실에 결코 무관심할 수 없고, 오히려 기독교적 실천 이성을 통한 적극적인 복음적 정치신학의 표현을 제시한다.

오도노반에게 있어 중요한 또 하나의 가치는 '타협'이다. 즉, 위에서 언급한 대로 세상 속에서 사명 감당의 자리로 나갈 때, 함께 만나는 관계의 마당이 세상이기에 타협을 피할 수 없다는 것이다. 여기서 타협을 어떻게 이뤄내느냐가 중요하다.

> 타협은 내가 생각하는 것과 상대방이 생각하는 것을 섞어서 그 중간 지점을 나눠 갖는 게 아닙니다. 타협은 지성적 과정입니다. 타협은 지금 이곳에서 지켜야 할 가장 중요한 것이 무엇인지 분별하는 일입니다.[33]

오도노반은 세상과 현실적인 타협의 범위를 규정하기 위해 내세운 권위를 자유라는 가치와 연결시킨다.

> 권위는 자유의 객관적인 상관현상(correlate)이다. 권위는 이 세상 속에서 우리의 행동을 의미 있게 해주기 위해 마주 대하고 있는 것이다.[34]

---

32 Ibid., 199.
33 김진혁, "세계 신학자와의 대화 5," 174.
34 Oliver O'Donovan, *Resurrection and Moral Order: An Outline for Evangelical Ethics* (Grand Rapids, Michigan: Wm. B. Eerdmans, 1994), 122.

그러나 오도노반이 교회가 교회다워지는 것을 강조한 것은 공동체성의 의미에 대한 숙고라고 할 수 있는데, 그가 말하는 공동체는 단순한 교제(fellowship)의 개념을 넘어 실천적인 나눔(sharing) 또는 적극적 소통(communication)의 역동성까지 나아간다.[35] 그런데 이 같은 교회의 역할에 대한 이해는 "교회의 세계적 확장인 그리스도교계(Christendom/기독교제국)의 역할을 지향하는 것을 의미한다."[36] 그가 이처럼 기독교 제국(Christendom)의 실현을 지향한다는 사실은 다른 여러 신학자와 충돌을 빚는다.[37]

2) 미국

(1) 마틴 마티(Martin Marty)

앞에 공공신학의 역사적 논쟁의 시작에 관해 서술하며 이미 짧게 언급했듯이, 마틴 마티가 '공공신학'(public theology)이란 용어를 처음으로 사용했다. 그 후 공공신학이란 용어는 "종교를 사회적 삶과 유리된 하나의 개인적 취향으로 간주하거나 '거룩한 섬'으로 간주했던 태도에 반대하면서, 과거 미국에서 본래적인 사회적 기능을 수행했던 라인홀드 니버(Reinhold Niebuhr)의 신학 같은 것을 총체적으로 지칭하는 용어가 되었다."[38]

---

35 Oliver O'Donovan, *Common Objects of Love: Moral Reflection and the Shaping of Community* (Grand Rapids, Michigan: Wm. B. Eerdmans, 2002), 26.

36 김동환, "올리버 오도노반의 정치신학," 207.

37 이같은 충돌은 주로 John Howard Yoder와 Stanley Hauerwas 그리고 최근에 이분법적이고 권위적인 Christendom 방식의 제도적 교회에서 선교적 교회(House church)로의 방향 전환을 주장하고 있는 Michael Frost 또 Alan Hirsch 와도 대립된다.

38 Martin Marty, *Public Church: Mainline-Evangelical-Catholic* (New York: Crossroads, 1981); Martin

마티는 시민 종교와 대조하기 위해 '공공신학'이란 용어를 사용했고 또 공적 이슈를 논증하기 위해, 성경적, 교리적인 자료에 충실했던 사상사를 소개하기 위해서도 이 용어를 활용했다. 따라서 그는 어거스틴에서 출발해 라인홀드 니버로 이어지는 인간 본성과 사회-정치적 발전에 관한 '기독교 현실주의' 그리고 공동의 삶과 사회적 질서를 신학적 언어를 통해 설명하려는 많은 신학자와 연결된다.[39]

> (특히 마티는) '공적 종교'(public religion) 혹은 '공화국 종교'(the religion of the republic)같이 이미 통용되고 있는 개념도 사용하면서 종교의 역할에 대해 미국 내에서 상충되는 견해를 정리하려 하였다.[40]

그는 1981년 『공적 교회』(The Public Church)라는 저서에서 공공신학의 개념과 밀접한 연관성을 갖고 있는 "공교회"(public church)라는 개념을 통해 공공신학 연구를 계속 진행해 왔다.

> (그에게 공교회란) '공동의 삶(common life)에 대해서 초월적 가치를 불어넣어야 한다는 책임감을 가진 일련의 종교'를 뜻한다.[41]

Marty, "Reinhold Niebuhr: Public Theology and the American Experience," *Journal of Religion*, Oct. 1974, 122ff; Tomoaki Fukai, "Theology of Japan as Public Theology," *A Theology of Japan: Origins and Task in the Age of Globalization*, 91, 장신근, "공적신학이란 무엇인가?," 45에서 재인용.

39 Max L. Stackhouse, "공공신학이란 무엇인가? -미국 기독교의 관점에서," 새세대교회윤리연구소 편, 『공공신학, 어떻게 실천할 것인가?』(서울: 북코리아, 2008), 16-17.

40 Ibid., 15.

41 장신근, "공적신학이란 무엇인가?," 45. 장신근은 Marty의 이같은 의미에서 공교회는 "자신이 속한 종교의 이익에만 몰두하는 것이 아니라 사회에서 자신의 종교적인 초월적 가치를

마티의 공공신학과 이같은 공교회 개념은 과거에 기독교 신앙의 정체성을 분명히 하려는 것을 통해, 종교의 도덕적 영향력은 수용할 수 있었지만, 반면 교리적 신앙은 외면해야 했던 미국 시민 종교의 전통 혹은 계몽주의 전통과는 구별되는 것으로, 과거 이런 전통의 대안적 접근이라고 볼 수 있다.[42] 다음은 마티의 공공신학과 교회에 관한 정의다.

[공공신학이란] 사람들의 삶을 초월적인 준거의 조명하에 해석하려는 노력이다. 여기에서 말하는 사람들이란 단순히 교회에 속한 사람들이 아니다. 이들은 다원적 경향을 지닌 여러 사람들을 뜻하는데 교회의 언어는 더욱 더 확장된 방식으로 이들과의 대화에 참여한다. 그렇다면 **공적 교회**라고 하는 것은 좀 더 구체적으로 기독교적 정치(polity)와 증언(witness)을 뜻한다.[43]

(2) 맥스 스택하우스(Max Stackhouse)

현재 미국 상황에서 공공신학을 대표하는 스택하우스는 시민 사회를 위한 기독교 사회 윤리학 혹은 사회 윤리라는 관점으로 공공신학을 펼친다.[44] 공공신학에 대한 그의 정의를 보자.

가지고 사회 전체의 공공선에 이바지하기 위하여 책임감을 가지고 노력하는 종교 공동체, 즉, 개신교뿐만 아니라 가톨릭, 유대교 등을 함께 아우르는 넓은 의미의 종교 공동체를 지칭한다고 할 수 있다"고 했다(45-46).

42 Ibid., 46.
43 Martin Marty, *The Public Church: Mainline-Evangelical-Catholic* (New York: Crossroad, 1981), 16, 장신근, 『공적 실천신학과 세계화시대의 기독교 교육』(서울: 장로회신학대학교출판부, 2007), 53에서 재인용.
44 특히 그는 교회는 개인적이며 교회적 행위를 가지고 공적 영역에서 정치적 영향력을 갖는다며, 이런 점이 공공신학적 논의에서 일차적 수신자는 시민 사회라고 했다. 이것이 공

공적인 논쟁이나 문화, 사회, 과학, 기술, 경제, 정치에 관한 문제를 다루고자 하는 신학의 한 종류이며, 또한 비기독교 전통이나 사회과학, 역사과학과 더불어 비판적인 대화를 하고자 하는 신학의 한 종류다.[45]

이같은 스택하우스의 주장은 오늘날 같은 글로벌 시민 사회를 살아가는 교회가 깊게 유념해야 할 사항이다. 교회가 자신들의 도덕적 순수성만을 주장하면서 무작정 세상과 현대 문화를 향해 마치 '죄, 혹은 악이 범람하는 곳'으로 간주하며 거리를 두어서는 안 된다는 점을 강조한 것이다. 그는 오히려, 비신자가 살고 있는 공공의 장으로 나아가, 공동의 다양한 삶의 현장에서 영적인 동시에 윤리적인 책임을 져야 한다는 주장이다.

기독교 신앙은 '관계'라는 속성을 갖고 있다. 이 관계 속에서 서로 다른 사람이 연결되어 신앙 공동체를 이룰 때, 개인 신앙의 성숙뿐만 아니라, 기독교 공동체를 사적 집단이 아닌 공적 집단으로 자리매김할 수 있다.

특히 그는, 지금의 지구화 이슈가 전 지구적인 연대의 필요성을 강하게 요구하는 상황에서 볼 때 더욱 그렇다는 생각이다. 특정 공동체의

공신학이 정치신학과 다른 점이라는 것이다. Max L. Stackhouse, 『세계화와 은총』(서울: 북코리아, 2013), 164.

45 Max L. Stackhouse, 『지구화, 시민 사회, 기독교 윤리』, 심미경 역 (서울: 패스터스 하우스, 2005), 15. 관련해서 그는 "공공신학은 배타주의적인 종교적 자아 찬양을 비판적 관점에서 다룰 뿐 아니라, 공동의 담론이 이해할 수 있는 방식으로 공동의 삶을 다룰 수 있는 능력을 배양하고자 힘쓰고 있습니다"라고 한다. Max L. Stackhouse, "공공신학이란 무엇인가?-미국 기독교의 관점에서," 20.

가치가 중요시되어 먼저 작동케 하는 시작이 될 수는 있지만, 이런 경험과 고백이 그들의 사적 연대 안에 머물기보다는 "시민 사회의 복합적 제도와 다른 사람의 신념을 통해 함께 작동하여 공적 영역을 형성해야 한다."[46]

따라서 스택하우스는 공공신학이 갖는 두 가지 의의 혹은 필요한 이유에 관해 다음과 같이 요약한다.

첫째, 기독교의 구원이란 신비한 내용을 담은 밀실의 종교 개념이 아니라, 공공의 영역에서 공개적이고 합리적으로 토론할 수 있어야 한다.

둘째, 기독교는 공적인 삶의 구조와 정책에 대한 가이드를 제공하는 사회 윤리가 되어야 하기 때문이다.[47]

그는 이 같은 주장으로 교회가 공공의 장으로 나아가 그 가운데 벌어지는 여러 문제를 신학적 주제로 삼을 것을 강조한다.

> 올바른 기독교 신앙은 세상의 변화와 개혁을 추구하며 사회에 정직을 심어 주고 인격적 공동체와 윤리적 원칙과 도덕적 목적을 추구한다는 점에서 공적인 삶과 공적 영역에 유익하다.[48]

46　Max L. Stackhouse, "Civil Religion, Political Theology and Public Theology," *Political Theology*, no. 3, July 2004, 291.

47　Max L. Stackhouse, *Public Theology and Political Economy: Christian Stewardship in Modern Society* (Grand Rapids, MI: Eerdmas, 1987), intro. xi.

48　Max L. Stackhouse, *How Religions Go Public*, 미간행 원고, 2006, 장신근, "공적신학이란 무엇인가?," 57에서 재인용.

기독교는 종교적, 이념적, 철학적 의미와 윤리의 궁극적 질문이 자유롭게 비판되고, 분석되고, 변호되는 열린 사회를 건설해 감으로써, 그리고 민주적 입법을 정부에 요청하고, 새로운 모델의 파라처치(parachurch)를 조직하고 공동의 삶에서 정의를 세워 나감으로써 공적인 것에 기여한다.[49]

나아가 스택하우스는 종교의 역할 중에 삶의 경제적 요인에 대한 관심을 촉구한다. 곧 기독교가 기업의 도덕성과 관련된 경제 윤리에 관해 신학적으로 성찰해야 한다는 것이다. 이와 관련해 그가 사용한 개념은 '에토스'(ethos)다.

그에 따르면, 기업 구성원이 갖는 삶의 방식, 곧 '기업 문화'는 기업의 정신적 조건으로서 하나의 에토스인데, 자원의 효율적 사용, 노동의 윤리, 시간 사용의 중요성이 여기에 해당되고, 이 같은 기업의 에토스 형성에 과거 기독교가 큰 공헌을 했다고 한다.[50] 또한 그는 기업을 하나님이 주신 기관으로서 구속사의 한 부분이라 보았으며, 그렇기 때문에 기업의 목적은 주주나 기업 경영인을 위한 이윤 창출보다 더 중요한 의미를 갖는다는 주장을 펼친다.[51]

---

49 장신근, "공적신학이란 무엇인가?," 57-58.
50 문시영, "교회 안에서 시작하는 공공성," 이형기 외, 『공적 신학과 공적 교회』, 145-146.
51 Ibid., 145-146. 소명과 청지기 개념이 여기서 등장했으며, 기업은 공동체의 물질적 복리에 기여하는 소명을 지니고 있고, 인류를 위한 '은혜의 대리인/은혜의 표시'로서 기업을 '세속에 봉사하는 공회'(worldly ecclesia)라 부른다. 그에 따르면, 기업은 비영리 단체와 구별되고 이윤 창출은 기업 생존의 필수 조건이 된다. 그렇지만, 바로 그 이윤 창출을 통해 기업의 소명을 감당해야 한다는 것이다(146).

(3) 짐 월리스(Jim Wallis)

짐 월리스는 요즘 미국 복음주의 진영에서 사회·정치적 이슈에 대해 분명한 목소리를 내는 대표적 지성이다. 마태복음 25장에서 "가난한 자와 함께하시는 하나님"을 발견하고 회심한 후, 예수님의 말씀 가운데, "네 이웃을 네 몸과 같이 사랑하라"(마22:37-40)는 말씀을 인용하면서 세상을 변화시키는 윤리에 집중한다.

그는 이 명령이야말로 기독교 신앙의 가장 근본적인 가르침이란 생각을 갖고 있다. 현재 미국 사회를 향해 "공동체를 한데 묶어 주는 끈이 헐거워지고 이기주의와 한도를 넘은 개인주의가 널리 확산됨으로써 공동선이 훼손된다"고 진단한다.[52] 그래서 나 자신을 언제나 다른 사람보다 앞세우는(내 걱정, 내 권리, 내 자유, 내 이익, 내 부족, 내 나라) 모든 종류의 이기적인 개인 윤리와 풍조와 정치 윤리까지 정면으로 도전하며, 공동선을 위한 공적인 삶을 지향하는 이웃 사랑의 윤리 실천을 강조한다.[53]

그는 이것이 곧 하나님 편을 이해하는 것이란 통찰을 통해 우리 자신과 '우리 편'을 초월한, 더 큰 겸손과 은총을 요구한다.[54] 하나님의 이익 곧 하나님의 목적을 우선시하는 윤리를 강조하고, 우리의 이웃이 우리와 다른 집단에 속해 있거나 심지어 원수일지라도 그들을 사랑해야

---

52 Jim Wallis, 『회심』(*The Call To Conversion*), 정모세 역 (서울: IVP, 2008), 16.
53 Jim Wallis, 『하나님 편에 서라』(*On God's Side*), 박세혁 역 (서울: IVP, 2014), 31.
54 Ibid., 35-36. 이를 위해서, "국가적 우월성에 대한 우리의 주장, 우리의 경제적 가치와 관행, 우리 종족의 특수한 위치, 심지어는 우리 신앙의 종교적 패권까지도 도덕적으로 꼼꼼히 따져 보아야 한다"며, "하나님이 자기네 편이라고 주장하는 종교는 오늘날 세상이 직면한 가장 심각한 문제를 해결하는 일과 관련해 급속히 적합성을 잃어버리고 있다. 사실 그런 종교는 문제를 해결하는 데 걸림돌일 뿐이다"라고 한다(36-37).

한다며, 이와 같은 변화가 진정한 '회심'이라 한다.

> (회심은) 우리 이웃을 무시하는 대신 그들에게 초점을 맞추고, 가난한 이들로 하여금 우리를 섬기게 하는 대신 그들 때문에 우리가 움직이고, 우리의 원수를 미워하고 무너뜨리는 대신 그들을 이해하고 심지어는 사랑하는 법을 배운다는 말이다.[55]

또한 그는 오늘 교회가 빈곤, 환경 파괴, 인종적/성적 착취에 대한 문화적 용인, 낙태 그리고 핵무기 등의 문제에 대해 취하는 무관심을 지적하며 신랄하게 주장한다.

> 역사와 별개로 또는 역사 바깥에서 이해된 회심은 다시 그 역사와의 직접적인 관계 속에서 받아들여지고 이해되어야 한다.[56]

월리스는 '기독교 공동체가 다시 외부를 향하도록 어떻게 도울 수 있을까?'라는 질문에 대한 답으로 공적 영역을 지배하려고 하는 대신 가르침과 영감을, 또 획일성보다 진실성을, 확실성보다 반성을, 지배가 아닌 본을 보이는 지도력 추구를 강조한다.[57] 그러면서 공동선에 얼마나 기여하는지 판가름하는 기준을 다음과 같이 설정한다.

---

55 Ibid., 36. 그는 "하나님 편에 설 때 우리는 지배보다 긍휼이, 다툼보다 용서가, 복수보다 화해가 우선임을 배운다"고 지적한다.
56 Jim Wallis, 『회심』, 23-27.
57 Jim Wallis, 『하나님 편에 서라』, 52. 이어 "신앙 공동체는 우리 사회의 점증하는 종교적 다원성을 존중하는 동시에 '진리를 말하는' 일에 헌신해야 한다"고 했다.

교리나 종교에 대한 추종이 아닌 참된 삶을 살며 이웃의 필요를 채우는 사랑의 실천, 본을 보이는 지도력, 돈과 권력에 대한 예언자적 독립성 그리고 사회를 향해 도덕적 권위와 힘을 발휘할 수 있는 능력이라고 한다.[58] 그의 논쟁의 핵심을 보면, 복음 전도와 사회 참여 둘 다 실천할 것과 또 구체적인 방법론으론 성육신적 접근 방식을 사용할 것을 제안하는 것이다. 그래서 지금 가장 긴요한 것을 말한다.

'코이노니아,' 곧 단순히 교회가 되고, 서로 사랑하고, 세상을 위해 자신의 삶을 제공하라는 부르심이다. 살아 있고, 숨쉬고, 사랑하는 지역 교회로서의 신앙 공동체는 다른 모든 대답의 토대다.[59]

3) 독일

(1) 위르겐 몰트만(Jürgen Moltmann)

몰트만은 공공신학을 1960년대 정치신학을 그 뿌리로 삼아 전개해 나갔다.[60] 몰트만이 보는 정치신학자의 질문은 이것이다.

왜 다수의 그리스도인이 홀로코스트에 대하여 침묵을 지켰는가?

그 이유에 관해 몰트만은 종교는 단지 개인적인 것이며 정치와 무관하다는 시민종교적 태도 그리고 종교와 정치를 구분한 루터의 두 왕국

---

58 Ibid., 52-53.
59 Jim Wallis, 『회심』, 166.
60 정치신학은 이후 사회주의적 신학, 평화의 신학, 생태학적 신학, 인권의 신학 등으로 전개됐고, 공공신학 태동의 뿌리가 되었다. 장신근, "공적신학이란 무엇인가?," 42.

론에 대한 오해에 있다고 보았다.[61] 그래서 그의 신학은 공공신학인 동시에 하나님 나라의 신학이다. 그 이유로 그가 신학의 공적 기능을 강조하면서도, 공적 삶에서 기독교적인 것을 서술하는 차원을 넘어, 다가오는 하나님 나라 속에서 공공성을 기술하는 신학이 돼야 한다고 강조하기 때문이다.[62] 그는 공공신학을 이렇게 말한다.

> '이 시대의 고난'에 참여하며, 동시대인이 실존하는 바로 거기에서 하나님을 향한 희망을 나타내며, 비판적으로 또 예언자적으로 사회의 공적 문제에 개입하며, 하나님 나라와 하나님의 계명과 의에 유의하며, 저항적으로 또한 생산적으로 땅 위에 있는 모든 피조물의 생명의 미래에 관심을 가지는 신학이다.[63]

몰트만의 신학이 공공신학과 하나님 나라의 신학, 두 가지 영역을 갖고 있다는 주장에 대해 이형기는 몰트만의 하나님 나라 신학은 하나님의 섭리와 통치와 관련된 사항을 교회 밖의 세계에서도 볼 수 있다는 사실에 기초하기 때문이라고 했다.[64] 그렇기에 하나님 나라의 신학은 교

---

61 Jürgen Moltmann, "정치신학과 해방신학," 『그리스도가 계신 곳에 생명이 있습니다』(서울: 대한기독교서회, 1997), 112, 장신근, "공적신학이란 무엇인가?," 41-42에서 재인용. "이런 구분을 통해 종교와 양심은 교회 안에서만 통용되는 것이 되었고, 사회는 양심 없는 권력 정치의 영역에 넘겨졌다. … 새로운 정치신학은 신앙의 '공적인 증언'과 그리스도를 정치적으로 따르는 제자직을 전제한다. … 정치신학은 그리스도인과 교회의 정치적 실존을 '그리스도교화'하려고 한다."

62 Jürgen Moltmann, 『신학의 방법과 형식』(Erfahrungen Theologischen Denkens), 김균진 역, (서울: 대한기독교서회, 2001), 32, 장신근, "공적신학이란 무엇인가?," 42-43에서 재인용.

63 Ibid., 17, 장신근, "공적신학이란 무엇인가?," 43에서 재인용. Moltmann은 이같은 공공신학 개념에 기초해, 정치신학과 자연신학을 공공신학의 틀로 삼는다.

64 이형기, "교회의 본질과 교회의 공적 책임," 116-117.

회 밖의 하나님의 세계(God's world)를 신학적으로 숙고해서 변혁시키는 것이며, 이렇게 해서 하나님 나라가 이 땅에 임하도록 하는 것이다.[65] 따라서 몰트만이 생각하는 신학의 기능은 교회 안과 밖의 차원을 넘어, 이 세상 속에서 하나님의 통치가 실현되도록 역할하는 데 초점이 맞춰져 있다.

> 세상과의 공적인 관계성 없이 기독교적인 정체성은 존재하지 않으며, 신학의 기독교적인 정체성 없이 세상과의 공적인 관계성도 존재하지 않는다.[66]

그런데 그 이유가 하나님 나라의 신학이기 때문이며, 그래서 모든 피조물의 풍성한 삶에 깊은 관심을 갖는 것은 당연한 임무가 된다. 따라서 말씀에 비추어 그것이 위치하고 있는 사회의 공적인 일과 이슈에 관여하고, 하나님 나라에 대한 희망 속에서 사회의 '공공복리'(공익)에 복무하기 위해 공동의 삶에 공적으로 참여해야 한다.[67] 이를 통해 가난하고 소외된 자도 하나님 나라를 경험하게 하는 것을 목적으로 삼는다.

또한 몰트만은 자신과 칼 바르트의 신학 그리고 해방신학, 여성신학, 흑인신학 등이 '공적인 이슈'(public issues)를 신학적으로 다루기 때문에 이 모두가 공공신학에 속한다고 보았다.[68] 그래서 다음과 같이 주장한다.

---

65 Ibid. 117.
66 Jürgen Moltmann, 『세계 속에 있는 하나님』, 곽미숙 역 (서울: 동연, 2009), 9.
67 Ibid., 10.
68 이형기, "교회의 본질과 교회의 공적 책임," 117.

신학은 또한 하나님 나라의 기능으로서 사회 안에 있는 삶의 정치적, 문화적, 교육적, 경제적 및 생태학적인 영역에 속한다. 그것은 정치신학과 문화신학, 생태신학과 자연신학에서 볼 수 있다. 이 모든 영역 가운데 하나님 나라의 신학은 사회의 공적인 일(respublica)에 참여하는 공공신학(public theology)이다. 바로 이 신학은 공적인 일을 다가오는 하나님 나라의 시각에서 보기 때문에 비판적으로 그리고 예언자적으로 참여한다.[69]

(2) 볼프강 후버(Wolfgang Huber)

후버는 1973년 '교회와 공공성'이란 논문으로 교회의 공적 성격에 대한 윤리적 연구를 시작하고, '교회와 국가'라는 전통적 정치신학적 틀을 극복하려 한다.[70] 특히 독일 통일 이전의 분단 상황에서 '화해의 봉사'를 교회의 공적 행위로 제시하며 공공신학과 마주하게 된다.[71]

교회의 공적 행위는, 내용적으로 화해의 봉사를 위한 과제를 지향해야만 한다. 이는 오늘날 평화의 문제가 교회와 공공성의 관계 규정을 위한 전망을 제시하고 있다는 우리의 생각과 일치한다. 평화의 봉사로서 이러한 지향성은, 교회의 공공성의 관계가 더 이상 신앙적으로 규정될 수 없으며 교회는 에큐메니칼한 협동 가운데 자신에게 부여

---

69 Jürgen Moltmann, "Theology for Christ's Church and the Kingdom of God in Modern Society," in *A Passion for God's Reign*, ed. by Moroslav Volf (Grand Rapids, Michigan: Eerdmans, 1998), 51-51.
70 김형민, "공적 교회의 윤리적 책임," 106.
71 장신근, "공적신학이란 무엇인가?," 43.

된 과제에 적합해야만 한다는 결론을 낳는다.[72]

이어 1989년 독일 통일 이후, 독일의 정치적 상황을 고려하며 공공신학 연구서를 통해 공공신학의 특징을 밝힌다.

공공신학이란, 그리스도교가 사회적 공공성에 미친 영향과 결과를 비판적으로 반성할 뿐만 아니라 사회의 정체성과 위기, 목적과 과제에 대한 대화에 참여함을 뜻한다.[73]

이후, 좀 더 진전된 측면에서 교회가 맞게 된 통일 후 달라진 역사적 상황에서 신학이 감당해야 할 공적 과제로 네 가지 실존적 현실을 제시하고, 실천을 촉구한다.

첫째, 하나님의 은혜의 경험
둘째, 이로 인하여 상호 존엄, 자유, 평등 가운데 이웃을 섬기며 살아야 할 의무
셋째, 이를 막는 불평등한 사회현실의 타파
넷째, 약하고 가난한 자와 연대와 이러한 연대를 자연으로 확대(자연을 위한 인간의 책임)[74]

---

72 Wolfgang Huber, *Kirche und Öffentlichkeit*, 1973, 627f., 앞의 책, 장신근, "공적신학이란 무엇인가?," 43-44에서 재인용.
73 Wolfgang Huber, *Kirche in der Zeitenwende. Gesellschaftlicher Wandel und Erneuerung der Kirche* (Gütersloh, 1999), 117, 김형민, "공적 교회의 윤리적 책임," 106에서 재인용.
74 김형민, "공공신학의 과제로서의 인권," 새세대교회윤리연구소 편,『공공신학이란 무엇인가?』(서울: 북코리아, 2007), 126-127.

또한 그는 그리스도인이 예배와 삶 가운데 갖는 신앙의 과제에 관한 주장도 펼친다.

> **첫째**, 인간은 하나님이 창조하신 세계를 살아가는 창조의 한 부분이란 점
> **둘째**, 신앙 가운데 변화를 경험한 자의 이웃에게 대한 관심 필요
> **셋째**, 가난하고 소외된 자들을 위한 우선적 관심을 인간 외에 다른 피조물과 차세대까지 확대[75]

여기서 볼 수 있는 그리스도인이 갖는 기본적인 신앙의 과제와 동시에 공적 과제를 감당하기 위한 기독교적 삶과 교회의 행위에 관한 적극적인 연구도 다음과 같이 제안한다.

① 교회의 구성원뿐 아니라 모든 이가 진리 가운데 살도록 촉구한다.
② 서로를 인정하는 문화를 형성하기 위하여 공동의 관심사에 대한 이해가 필요하다(시민적 의사소통 추구).
③ 경제의 필연성과 한계성에 대한 인식이 필요하며, 교회는 '경제 윤리적 판단 형성'에 기여해야 한다.
④ 하나님의 창조물로서 자연의 고유한 존엄성을 인정하고 다음 세대의 생존권을 보장해 주기 위하여 노력해야 한다.[76]

75　Wolfgang Huber, "Vertrauen erneuern," *Eine Reform um der Menschen Willen* (Freiburg, 2005), 115, 김형민, "공적 교회의 윤리적 책임," 97-98에서 재인용.
76　김형민, "공공신학의 과제로서의 인권," 127-128, 장신근, "공적신학이란 무엇인가?," 44

그리고 후버는 지구상의 다양한 폭력과 분란의 문제와 마주하며 평화를 위한 노력을 강조한다. 특히 현 시대의 종교나 종파의 차이는 곧, 민족적 혹은 인종적 갈등과 동일시되는 상황으로 보며, 종교가 가지고 있는 참여에의 욕구를 선용하여 갈등 해소 방안을 지지하고 동시에 평화를 위한 자원 봉사 활동의 기반을 확보해야 한다고 주장한다.[77] 그러나 그는 앞에서 살펴본 어거스틴 계열의 오도노반의 정치신학이 펼쳤던 기독교 현실주의에 기초한 정의로운 전쟁(just war) 논리와는 다른 입장을 펼친다.

즉 의로운 전쟁이라는 가르침으로 퇴행해서는 안 된다며, 모든 종교의 관점에서도 "의로운 평화가 있을 뿐, 의로운 전쟁은 존재하지 않는다.…"[78]는 측면에서 기술한다. 그는 향후 10년 동안은 폭력 극복을 위한 시기라며, 구체적인 방향 제시로서 "종교와 교회가 평화로운 삶, 폭력으로부터 자유로운 공존의 삶의 모범을 보이는 것"이라고 한다.[79]

에서 재인용. 특별히 남과 북이 분단의 상황을 해소하지 못하고 있는 대한민국 현실에서 볼 때 독일에서 이미 다뤄진 이같은 공적인 문제들에 대한 토의는 한국적 현실 속, 교회가 마주한 공적과제 차원에서 잘 살펴볼 필요가 있다. 또, 자연의 고유한 존엄성을 다룬 것과 다음 세대의 생존권을 위해 노력하는 모습은 전 지구적 상황에서 공공신학이 감당해야 할 과제다.

77 Wolfgang Huber, "종교, 평화를 조장하는가, 분란을 일으키는가?," 손성현 역, 『시대와 민중신학』(제3시대 그리스도교연구소: 2002), 367-371.

78 Ibid., 371-372.

79 Ibid., 372. 계속 이어 그는 "만일 우리 각자가 자신의 나라에서 종교 간의 경계선을 넘어서서 새로운 형태의 공존, 새로운 형태의 상호 이해를 위해 노력하고, 단순한 상대주의가 아니라 자신의 신념에 근거한 새로운 형태의 적극적인 관용을 위해 노력하고, 화해를 위한 사역이 국경을 초월하여 가능하다는 것을 보여 주기 위해서 노력한다면 이것은 종교가 가장 크게 기여할 수 있는 부분일 것이다."

4) 제3세계

(1) 존 드 그루치(John W. De Gruchy)

남아프리카공화국 케이프타운대학교 조직신학 교수인 드 그루치는 지역의 독특한 경험을 바탕으로 공공신학의 지역화를 주도하고 있다. 먼저 그는 남아공의 인종 분리 정책 시대와 연관해서 정치신학을 두 가지 종류로 구별한다.

> **첫째**, 고전적 의미의 정치신학으로 기독교 세계(Christendom)라는 맥락의 현실 수용적 입장
> **둘째**, 인종 분리 정책에 대한 저항을 통한 국가-교회, 사회-종교, 사회적 공공성-교회 사이의 상호 개혁[80]

여기 두 번째 맥락에서는 교회가 사회 변혁의 기초가 되며, 이러한 정치신학은 인종 분리 정책에 저항하는 고백신학(Confessing Theology)으로 계승되었다. 1990년대 이후 인종 분리 정책이 폐지됨에 따라 남아공은 새로운 상황에 처하게 되는데, 드 그루치는 당시 남아공 상황에서 정치신학을 넘어 변화된 상황에 제대로 대응할 수 있는 공공신학의 필요성을 역설한다.

> 보편적인 공공신학이 있는 것이 아니라, 특정 지역에서 정치적 사안과 관련된 다양한 공공신학이 있는 것이다.[81]

---

[80] 장신근, "공적신학이란 무엇인가?," 59-60.
[81] John W. De Gruchy, "From Political to Public Theologies: The Role of Theology in Public

즉, 각 지역적 상황에 따라 다양한 형태의 여러 공공신학이 나타날 수 있다는 것이다. 그는 공공신학의 공공성에 관해 다음과 같이 기술한다.

> 그리스도인의 증언(witness)은 사적인 것이 아니라 공적이지만, 공공신학은 교회의 공적인 선언 혹은 사회 활동에 참여하는 것만은 아니다. 이것은 공적으로 중요한 사안에 관여하는 '신학하기'의 한 양식이다. 교회의 공적 선언이 사회학적임을 강조하는 것으로 대신하는 경우가 자주 있지만, 공공신학은 기독교 전통 안에 깊게 내재된 가치와 헌신을 신학적으로 성찰하고 또 공적으로 표현하는 것이다.[82]

이 같은 신학적 성찰은 다양한 공적 이슈로 유발되지만, 공적 이슈에 대한 신학적 성찰 그 자체가 이어, 기독교적 증언으로서 공공신학을 형성하게 되는 것은 아니다. 그래서 드 그루치는 제대로 된 기독교 증언을 통해 공공신학을 형성하는 단계까지 나가기 위해서는 사회적 행동과 토론이라는 두 가지 형태로 나타나야 한다고 주장하기도 한다.[83]

바로 여기서, 행동과 함께 토론이 강조되는데, 이 토론은 공적 영역에서 공동선을 위한 것이란 목적을 갖고 참여하는 것이다. 그런데 이때

Life in South Africa," William F. Storrar and Andrew R. Morton, eds., *Public Theology for the 21st Century*, 45.

82　John W. De Gruchy, "Public Theology as a Christian Witness: Exploring the Genre." *International Journal of Public Theology*, 1, 2007, 40.

83　Ibid., 40.

"공공신학이 자기 반성적이어야 하며, 역사적 맥락에 대한 민감성뿐만 아니라 다른 관점과 접근 방식에 대해서도 마찬가지여야 한다."[84] 그의 이런 주장은 공공신학은 기독교 교회 내부뿐만 아니라 외부 세계에 대해서도 함께 열려 있어야 한다는 측면에서 기술한 것이다.

(2) 김경재

한신대학교 김경재는 "공공신학(public theology)에 관한 한국 개신교의 두 흐름"이라는 논문을 통해 한국 교회 역사에 나타난 두 가지 신앙으로 '보수적 기독교의 사유화(私有化) 신앙'과 '진보적 기독교의 참여의 신앙'을 공공신학적 입장에서 분석, 평가했다.[85] 김경재는 이를 위해 공공신학에 대한 정의를 공적 신앙과 관련하에 다음과 같이 밝힌다.

> '공공의 신학'이란 그리스도인의 '공공의 신앙'을 이론적으로 체계화 한 것이다. '공공의 신앙'이란 예언자와 사도적 신앙을 유산으로 물려받고 갈릴리 예수의 복음을 성경적 신앙의 본질이라고 고백하는 그리스도인 개인과 공동체가, 세상 현실과의 관계성 정립에 있어서, 역사 현실에 대한 책임성과 사회 윤리 의식을 가지고 세상 한복판에서 자기 초월을 견지하면서, 세계 현실을 하나님 나라의 비전을 향해 변혁해 가는 신앙을 말한다.
>
> '공공의'(public)라는 한정어는 '사적인'(private)이라는 말과 대비되지만 공공성의 실질적 의미는 세상 현실과의 참여적 관계성, 공동체적

---

84 Ibid., 41.
85 김경재, "공공신학(public theology)에 관한 한국 개신교의 두 흐름," 「공공철학 시리즈」 제16권 (동경: 동경대학출판회, 2006년. 2월), 417-447.

사회 윤리 의식, 역사 현실의 우상에 대한 비판과 저항 그리고 신앙 생활에서 초월성과 내재성의 변증법적 긴장과 통일을 강조한다.[86]

공공신학의 정의를 이렇게 내린 후, 김경재는 "틸리히의 인간학, 바르트의 하나님 형상 이해, 리처드 니버의 철저한 유일신론, 본회퍼의 제자직 이해 등에서 공적 신앙의 신학적 근거를 찾아낸다."[87] 이어 한국의 기독교 역사 속에서 공공의 신학과 사적 신앙이 어떻게 서로 상호 작용했는지에 관한 네 가지 요소, 곧 신체험의 양극성, 민중성, 역동성 그리고 '하나' 지향성 등을 중심으로 비판적 분석을 펼친다.[88] 그는 이를 통해 지난 120년 역사 가운데 나타난 열 가지 사례를 들어 "'공적 신앙 맥'과 '사적 신앙 맥'이 어떤 경우엔 상호 통전되고, 어떤 경우에는 상호 분열되었던가를 비판적으로 성찰"했다.[89] 이어 한국 교회 역사 가운데 나타난 이같은 사례에 관한 공공신학적 분석을 통해 다음과 같은 결론을 제시했다.

한국 기독교는 현재 가장 심각한 위기를 겪고 있는데, 그 근본 원인은 복음의 본질에서 이탈하여 신앙의 사사화, 권력화, 물량화, 기복

---

86 Ibid., 2.
87 장신근, "공적신학이란 무엇인가?," 68-69.
88 Ibid., 69.
89 김경재, "공공신학(public theology)에 관한 한국 개신교의 두 흐름," 10. 그 10가지 사례는 ① 개화운동과 네비우스 선교정책, ② 1907년 대부흥운동과 선교사들의 정교분리 정책, ③ 간도 명동촌 조선인 신앙 공동체의 자활운동, ④ 3·1만세운동에 나타난 '공공의 신앙,' ⑤ 일제 신사 참배 강요와 주기철 목사의 순교신앙, ⑥ 세계 냉전시대 기독교의 분열과 정치적 이념의 속박, ⑦ 1970-80년대 한국 기독교의 인권/민주/평화 통일운동, ⑧ 1970-80년대 교회성장론/대형집회/순복음 신앙운동, ⑨ 조용한 '영구혁명'에 투신한 '제자직' 수행자들의 신앙, ⑩ 종교인 연합운동과 한국 종교인 평화회의운동 등이다.

화를 추구했기 때문이라고 보았다. 그러나 한국 기독교의 중요한 주류는 이러한 현재 한국 기독교의 탈선된 변질 모습과는 다른 본래적 전통이 있다는 것을 교회사를 통해 확인하였다.

그리고 중요한 점은, 어느 개인이나 신앙 집단이 어떤 형태의 신학을 기초로 하고 있느냐의 중요성 보다는, 그 개인과 집단이 진정한 복음의 본질에 접하여 '새로운 피조물'로서 변화된 체험을 하고 그리스도의 '제자직'에 충실하는가의 여부에 관계된 것임도 확인하였다. 무엇보다도 중요한 분별력은 그리스도 신앙을 인격적인 깊은 차원으로 '내면화'(internalization)하는 일과 '사사화'(privatization)하는 것과는 전혀 별개의 일이므로 혼동해서는 아니 된다는 점이다. 복음 신앙의 진정한 '내면화'는 그리스도 안에서 '절대 자유인'으로 탄생하는 필수 과정이므로, 그런 과정을 거친 개인이나 공동체라야만 진정한 '사회 참여 신앙'으로서 '신앙의 공공성'에 투철할 수 있는 '섬기는 봉사자'로서 자유를 누릴 수 있기 때문이다.[90]

여기서 김경재는 한국 교회가 심각한 위기 가운데 있다는 점을 지적하며, 그 원인이 복음의 본질에서 이탈한 것에 있다고 본다. 그러나 다행히도 한국 기독교 주류는 아직 복음의 본질을 지켜내고 있다는 점을 교회사를 통해 확인했다고 평가한다. 또한 신앙의 인격적 내면화(개인적/personal) 측면과 사사화(사적/private) 측면은 전혀 다른 개념이란 사실을 강조한다. 그래서 신앙의 진정한 내면화를 이룬 후에나 진정한 사회 참여 신앙으로 나가게 된다는 관점과 마주하도록 이끈다.

---

90 Ibid., 23. 장신근, "공적신학이란 무엇인가?," 69-70에서 재인용.

3. 공공신학의 목회적 적용으로서 공적 영성[91]

현대 사회에 몰려든 거대한 세속화의 물결로 인해 교회가 맞고 있는 무기력감에 공공신학이 큰 활력을 되찾게 하고 있다. 과거 교회가 로마 제국의 붕괴를 다루었고, 근대 유럽의 출현에 대처했으며, 산업 사회의 도래에 대응했듯이, 오늘의 교회 지도자도 공적 영역에서 책임을 확신하게 되었다.[92] 만일 개신교가 맞고 있는 내부의 문제와 외부의 비판에 부딪쳐 이에 대한 참회와 대안 마련을 위한 공공신학과 공적 영성에 대한 논의라 할지라도 환영할 일이다. 그러나 이 과정에도 과제가 있다.

첫째, 교회가 공적 영역 속에 다양한 문제를 신학적 주제로 삼아 공동선을 위해 참여할 때, 교회의 본질은 무엇이고 또 그 본질을 확보할 수 있을까에 관한 염려다.

둘째, 현재 위축된 교회의 공적 역할의 회복 즉 공적 영역에서 빼앗긴 교회의 주도권을 되찾아 오는 것이 목적이라면, 오히려 신학의 사적 측면만을 더욱 강화하게 될 것이란 우려다.[93] 이에 대해 성석환은 공공

---

91 "공적(public)이란 사적(private), 이기적(selfish)이라는 말과 반대되는 개념으로 한 개인이 공동체의 일원으로서(그리스도인에게는 하나님의 창조 세계와 그 나라의 시민으로서) 감당해야 할 사회적 참여와 책임을 말한다." 이학준, 『한국 교회, 패러다임을 바꿔야 산다』, 62. 따라서 공인(Public Person)으로 산다는 것은 하나님과의 인격적 관계성(Personal Relationship)이 끊어지는 것을 의미하는 것이 아니다.

92 Max L. Stackhouse, 『공공신학, 어떻게 실천할 것인가?』, 22. Stackhouse는 좀 늦은 감이 있지만, 미국 내에서 최근 많은 교회 지도자가 낙태, 복지 개혁, 혼인법과 이혼법, 도박, 공립학교의 종교 교육, 저소득층을 위한 주택 건축, 소수자와 실업자를 위한 직업 교육, 전과자 갱생 등을 위한 공적 활동에 나서고 있다고 평가한다.

93 Lenell E. Cady, "H. Richard Niebuhr and the task of a public theology," *Anglican Theological Review*, Vol. 72, no. 4, 1990, 379, 성석환, "한국 공공신학의 실천과제로서의 문화변혁," 「기

신학의 추구는 "'개인(private)-공공(public),' '교회(church)-사회(society)'를 이원화하는 근대적 '주-객관 도식'의 틀에서 벗어나 신학의 본질적 공공성을 공적 영역에서 구체화하는 작업이 되어야 한다"[94]고 본다. 또 공공신학이 특정 종교 집단의 근본주의적 집단 이기주의의 발로여서도 안 된다고 지적한다.

> 시민 사회의 공공선을 지향하는 신학의 본질적 실천임을 해명하기 위해서는 공공신학이 결코 승리주의나 정복주의 같은 기독교 국가(Christendom)의 이념을 지향하지 않는다는 점을 분명히 해야 한다.[95]

하나님은 창조자, 구원자 또 역사의 주관자로서 장차 이 땅 위에 하나님의 나라를 완성하실 분이다. 그래서 성경적으로 "공공"이란 용어는 하나님 나라와 사역에 가장 넓고 보편적인 개념으로 개인 차원의 구원뿐만 아니라 역사와 창조 세계의 변화를 목적으로 한다.[96] 따라서 "공공" 혹은 "공공성"이란 말의 의미는 소통(communication)이란 말과 밀접한 관계가 있으며, 기독교의 "계시"란 용어는 넓은 의미에서 하나님의 소통을 뜻한다.

> '구원되었다'라는 말은 이제 그리스도 안에서 하나님과 우리의 소통

독교사회윤리』, 제17집, (2009), 113에서 재인용.
94 성석환, "한국 공공신학의 실천과제로서의 문화변혁," 119.
95 Ibid., 119.
96 이학준, 『한국 교회, 패러다임을 바꿔야 산다』, 109.

관계가 완전히 회복된 것을 말한다.[97]

결과적으로, 신자로서 개인의 신앙 생활에서도 이 같은 신앙이 갖는 공적 차원 또는 소통의 개념이 소홀해지거나 무시되어서는 안 된다. 이런 관점에서 이학준은 공적 영성을 다음과 같이 정의한다.

> 공적 영성이란 신앙의 신비적(mystical) 또는 하나님과의 개인적 친밀함(personal intimacy)과 반대되는 것이 아닙니다. 행동을 강조하는 좁은 의미의 '사회 복음'이라는 말로 대체할 수도 없습니다. 공적 영성을 갖는 것은 성도의 신앙의 비밀스러움과 그리스도인의 종교적 경험의 독특성을 양보하는 것이 아닙니다. 오히려 신앙의 진정한 신비하고 비밀스러운 경험은 우리의 신앙을 공적·보편적으로 발전할 수 있도록 이끌어 줍니다. 따라서 기독교의 공적 영성은 하나님과의 친밀성과 반드시 균형과 조화를 이룹니다.[98]

1) 이웃과 사회적 약자에 대한 배려

최근까지 개신교의 성화가 구원의 제2단계로서 주로 개인 경건에 초점이 맞춰진 상황에서 공적 영성은 이 같은 개인 성화를 넘어 이웃과 하나님의 창조 세계 모두 포괄하는 개념이다. 이학준은 친밀성과 공적 영성의 조화를 강조하며, 친밀성이 공적 성격 그리고 이웃과 창조물과

---

97 Ibid., 63.
98 이학준, 『ST 747 한국 교회를 위한 영성과 윤리』(파사데나: 풀러신학교, 2016), 9.

의 관계를 잃어버린다면 내세적, 신비적으로 흐르게 된다고 경고한다.[99] 월리스는 그리스도인의 '회심'이란 용어를 사용해서 이기적인 개인 성화와 구원만을 지향하는 삶에서 회심해야 한다고 강조한다.

> 우리는 회심해야 한다. 자신만을 살피는 삶에서 서로를 보살피는 삶으로 방향을 전환할 필요가 있다.[100]

이어 그리스도인의 진정한 회심은 그저 우리 한 개인의 영혼 구원 문제에만 관심을 갖는 것이 아니라 우리가 이 세상 속에 살아가는 삶의 방식과 관계된 것이며, 이 삶의 방식은 하나님과의 관계뿐만 아니라 우리의 이웃, 특히 힘없는 사람 나아가 원수까지 포함하는 모든 관계를 변화시켜 새로운 관계로 진입해 들어가는 의미라고 설명한다.[101]

이런 주장은 진정한 의미에 "칭의와 성화," 곧 회심을 통해서 변화된 삶의 모습으로 살아간다는 것은 바로, 이웃과 사회적 약자에 대해 배려하는 새로운 관계로도 진입해 들어가는 것을 담보한다는 중요한 통찰이다.

> 타자 예수 그리스도의 만남은 이제 진정한 의미로서 타자 이웃과의 만남을 전제하기 때문이다.[102]

---

99 Ibid., 9. 또한 '공적 영성'의 핵심은 신앙의 본질인 하나님을 섬기고, 이웃을 사랑하는 것이라 강조한다.『한국 교회, 패러다임을 바꿔야 산다』, 63.
100 Jim Wallis,『하나님 편에 서라』, 27.
101 Ibid., 28-29.
102 유경동,『영성과 기독교 윤리』(서울: 프리칭아카데미, 2009), 128.

또한 고먼(Gorman)은 이웃과 사회적 약자에 대한 배려는 곧 '십자가를 본받는 삶'과도 일치한다며, 다음과 같이 말한다.

> 십자가를 본받는 믿음은 다른 사람들을 향하여 십자가를 본받는 사랑으로 표현될 때 비로소 완전해진다. 십자가를 본받는 사랑과 십자가를 본받는 삶의 능력은 다른 사람을 위해 존재하는 방식이요, 약한 자, 더 큰 몸(공동체), 그리고 원수에게도 헌신함을 표현하는 것이다.[103]

따라서 하나님과 공동선을 위하는 길은, 사회 경제적 약자와 고통받는 이웃을 향한 '우선 배려'에 있고, 또 이것은 세상을 변화시키는 윤리임과 동시에 그리스도인이 자신을 다시 한 번 예수님께로 더 가까워지도록 이끄는 일이다. 이것은 회심의 구체화요, 예수님과 연결된 중요한 증거란 통찰과 마주하게 된다.[104]

2) 사회적 구조에 대한 관심

그리스도가 선포한 하나님 나라는 인간이 존재하고 살아가는 모

103　Michael J. Gorman, 『삶으로 담아내는 십자가: 십자가 신학과 영성』(*Cruciformity: Paul's Narrative Spirituality of the Cross*), 박규태 역 (서울: 새물결플러스, 2010), 550-551.

104　Gorman은 믿음과 사랑의 관계에 관해, "믿음(곧 하나님께 순종하는 것이라 했다)이 표현되지 않으면, 아무리 선한 행위도 진정 사랑의 행위가 아니며, 또 아무리 믿음을 주장한다 해도 그리스도를 따라 다른 사람을 사랑하는 행위와 동떨어진 것이면, 그 믿음은 믿을 수도 없고 증명할 수도 없는 것"이라고 한다. Michael J. Gorman, 『삶으로 담아내는 십자가』, 609.

든 체제와 영역 내에서 하나님의 주권이 드러날 때 이루어진다. 이 의미는 복음이 지나치게 교회의 구조 안에서만 머물도록 해서는 안 된다는 주장과 상통한다. 하나님에게서 임한 복음의 사랑과 생명력을 교회 밖으로 그리고 사회의 모든 구조 속으로 적극적으로 흘려보내야 한다. 이 점에 관해 마우(Mouw)는 각 사회 구조/체제를 올바르게 들여다보기 위해서는 가난과 정의에 대한 올바른 신학 정립이 필요함을 강조하며, 이를 위해서는 일반 은총과 필연적으로 마주하게 된다는 중요한 통찰을 밝힌다.[105]

결국, 교회와 그리스도인의 역할과 책임은 클 수밖에 없다. 이러한 원리 때문에 우선 "제도의 공고한 역기능을 제한하고 개혁하는 데 교회의 존재 그 자체가 필요하다"[106]고 한다. 이어서, 생명과 증거 능력을 갖고 있는 교회의 사회·정치적인 역할은 '악한 체제'(kosmos)와 '악한 시대'(aion)를 향하여 진리를 드러내는 것이라고 한다.[107] 여기 두 가지 증거의 역할 중에 강조되는 것이 '악한 체제(구조/사회질서)'[108]에서 자유케 함이라고 한다. 이와 관련해 민종기는 신앙은 교회 안뿐만 아니라 정치·사회 모든 영역에도 관련된다고 강조한다.

---

105 Richard J. Mouw, 『문화와 일반 은총』(*He Shines In All That's Fair: Culture and Common Grace*), 권혁민 역 (서울: 새물결플러스, 2012), 127. 이어, Mouw는 "하나님이 선택받지 않은 자들에게도 구원의 은혜는 아닐지라도 적극적인 사랑을 베풀고 계시고, 우리에게는 우리의 영혼 속에서 그러한 사랑을 양성하기를 원하신다는 것이다"고 말한다.
106 민종기, 『한국 정치신학과 정치윤리』(서울: KIATS, 2012), 37.
107 Walter Wink, *Engaging the Powers: Discernment and Resistance in a World of Domination* (Minneapolis: Fortress Press, 1992), 61-62, 민종기, 『한국 정치신학과 정치윤리』, 37에서 재인용.
108 헬라어 *kosmos*는 '세상'으로 해석되지만, 동시에 '구조,' '사회질서,' '체제'라는 의미를 갖는다. 민종기, 『한국 정치신학과 정치윤리』, 38.

하나님 나라를 위한 우리의 참여는 그의 통치가 정치, 경제, 사회, 문화, 예술, 학교와 직장, 그리고 가정과 시장에 임하도록 해야 한다.[109]

이런 측면에서 교회의 사명은 교인 개인에만 관심을 두고 개인 구원에만 초점을 맞추는 역할뿐 아니라, 세상을 변화시키기 위해 그리고 동시에 세상에 기본이 되는 각 사회의 구조까지 변화시키는 더 큰 책임과 연결되도록 이끈다.

교회의 선포는 반역적인 구조, 체제 그리고 제도가 치료되고 회복되어 하나님을 봉사하기 위하여 바른 위치에 이르게 한다.[110]

그러나 요즘 많은 신자 중에 신앙 생활을 자기 자신과 하나님과의 관계에 한정해서 여기에만 집중하려는 경향이 있다. 이런 신앙은 지나치게 협소하고 이분법적이고 사적이다.[111] 월리스는 이와 같은 신앙은 성경적이지도 않다고 단정한다.

세상을 바꾸기 위해 노력하지 않고 개인에게만 초점을 맞추는 복음의 메시지는 세상을 바꿀 필요가 없는 사람들에게만 유효하다.[112]

---

109 민종기, 『한국 정치신학과 정치윤리』, 106.
110 Walter Wink, *Engaging the Powers*, 83, 민종기, 『한국 정치신학과 정치윤리』, 38에서 재인용.
111 관련하여 Michael J. Gorman, 『삶으로 담아내는 십자가』, 603에서, "이런 영성은 자연스럽게 교회는 선택 사항이며 구원을 개인의 사사로운 '영적' 문제로 여기는 확신을 낳는다"고 지적한다.
112 Jim Wallis, 『하나님 편에 서라』, 115.

그래서 여기서 중요한 점은 복음이 계시하는 하나님의 성품과 정반대의 직무를 갖는 잘못된 사회 구조를 분별해 내는 일이다. 그리고 잘못된 사회 구조로 인해 가난하고 소외된 사람이 오히려 억압당하는 체제를 바꾸고자 하는 실천이다.

> 교회는 십자가에 못 박힌 사람이 사는 세상 속으로 자비와 사랑의 도구로서 보내심을 받았다. 이것은 곧 교회가 정의를 위하여 일해야 한다는 의미다.[113]

월리스는 정의를 포함한 복음의 발견과 하나님 나라의 발견을 연결시키며 고백한다.

> '나와 주님'에 관한 복음이 아니라 세상과 우리를 함께 변화시키시기 위해 침투해 들어오는 새로운 질서에 관한 하나님 나라의 복음, 정의를 아우르는 통전적인 복음을 발견한 후에 비로소 나의 신앙으로 돌아왔다.[114]

그리스도의 복음이 제시하는 사회는 서로 화합된 사회다. 그런데 사회가 화합을 이루려면 예수님께서 사회적 약자의 편을 드셨듯이, 오늘날 사회 체제가 약자의 편에 서서 그들을 적극적으로 배려하는 구조를 만들 수 있어야 한다. 그러기 위해서 교회가 다양한 사회단체, NGO, 언

---

[113] Michael J. Gorman, 『삶으로 담아내는 십자가』, 617.
[114] Jim Wallis, 『하나님 편에 서라』, 114.

론, SNS, 기업 그리고 타종교 등과도 함께 연대해서 사회의 구조적 불의와 악을 비판하고 개혁하기 위해 협력하는 자세는 너무도 당연하다.

3) 정치와 경제에 대한 개혁의 요구

많은 기독교인은 정치라는 말에 일단 거부감이 있고, 때문에 아예 관여하지 말아야 할 영역이란 생각을 갖는다. 이것은 정교분리 논리 때문으로, 세속의 정치를 공중 권세 잡은 사탄 마귀의 영역으로 보거나, 혹은 공권력은 하나님이 허락한 것이니 무조건 복종해야 한다는 논리에 지배를 받고 있기 때문이다. 이에 민종기는 정치에 관한 기독교인의 바른 이해를 촉구한다.

> 정치는 에덴 동산에서 시작되었으나 죄에 의해 왜곡되었다. … 이에 대한 하나님의 응전으로 그리스도의 구속 사역은 국가의 권세를 상대화시킴으로 정치의 가능성을 열었다. 그의 교회는 공동 생활의 증거와 정치적 변혁을 위한 참여라는 방법을 통해 제도들을 그리스도화하는 중심적인 역할을 수행한다. … 그리스도는 정치의 가장 중심적인 인물인데 이는 그가 이미 죄로 인한 정치의 왜곡을 극복하신 분일 뿐 아니라, 세상에서 교회를 통해 그 부작용을 치유해 나가시기 때문이다.[115]

이와 같은 인식을 바탕으로 교회는 개인 구원과 관련된 영적인 일에

115　민종기,『한국 정치신학과 정치윤리』, 40

만 관여할 일이 아니라, 공동 생활의 생생한 증거와 정치적 개혁을 위해 '참여'라는 방식을 사용해야 한다. 이런 차원에서 윌리엄 스토라(William Storrar)의 지적은 귀담아들을 만하다.

> 다원주의적 공적 영역에서 자신의 의견을 많은 의견 중에 하나로 생각하고, 능동적으로 참여할 수 있어야 하고 또 다양한 시민 사회의 한 동반자로서 책임을 다하고자 하는 준비가 필요하다.[116]

그런데 여기서 구체적 참여 형태는 교회의 이름이 아니라 시민 사회 단체의 이름이라는 '간접 참여'의 방식으로 그 운동의 주체를 바꾸는 변화를 택해야 한다.[117] 그 이유는 "직접적 참여는 의도적으로 '계산된 과실'을 인정하는 현실 정치에 의해 교회의 오염으로 끝날 수 있다"[118]는 우려 때문이다. 그래서 교회가 이런 간접 참여의 방식으로 나서서 "삶의 모든 영역을 변화시키되 존재하는 사회 정치적 질서를 개혁시키려는 것이다."[119]

그리스도인이 사회 정치적 책임을 수행하는 것은 하나님 나라운동

116　William Storrar, "2007: A kairos moment for public theology," *International Journal of Public Theology*, 1, 2007, 16. Storrar는 Duncan Forrester의 신학을 계승했고, 프린스턴신학교의 Stackhouse와 함께 현재 미국 내에 공공신학을 주도하고 있다.
117　민종기, 『한국 정치신학과 정치윤리』, 172. 이같은 이유에 관해 "교회의 비정치화를 위한 논거가 아니고, 오히려 신자들이 기독교 정치 매체, 이익 단체 및 협의체를 통해 정치 선교를 상설화하려는 것이다"라고 한다. 172-173.
118　Ibid., 172.
119　Ibid., 39.

의 일환이다.[120]

이와 같은 논증의 배경에는, 어차피 교회와 교인의 어떤 행위는 원하든 원하지 않든 간에 공적 영역에서 바라볼 때, 항상 일정 정도의 정치적 영향력을 가질 수밖에 없다는 데 있다.

여기서 강조해야 할 점이 정치 개혁의 주요 내용과 목적이다. 정치 개혁은 잘못된 정치 풍토와 정치 구조적 모순을 바로 잡는 것이다. 그래서 사회 저변에 평등과 화해와 평화와 정의의 가치를 실현하도록 해야 한다.

여기서 핵심적 관심사는 예수께서 하셨던 것처럼 '사람'이다. 그 중에서도 낮고 천하고 소외되고 가난한 사람이 하나님 나라의 관점으로 더욱 주목받아야 한다. 이를 위한 교회의 정치적 책임은 우선 국가 사회가 갖고 있는 제도와 법령을 개정 혹은 제정하기 위한 법적 구조적 차원의 노력이다. 스택하우스는 교회 내 전문가 그룹이 정치적인 사안을 감시하고 그것을 교인에게 알리는 방법과 또 이 과정에서 정치에 은사를 가진 사람이 정계에 진출해서 그 책임을 다하도록 하는 방안을 제시한다.[121]

이어 그는 그리스도의 삼중직의 대리자로서 신자들이 시민 사회의 모든 영역에서 그리스도의 대사, 통치자 그리고 대리인의 역할을 맡도록 돕는 것이 교회의 임무라는 사실도 강조한다.[122] 결국, 진정한 정치 개혁을 위해서는 성숙한 시민사회 운동단체의 역할이 중요하다. 따라서

---

120 Ibid., 106.
121 새세대교회윤리연구소 편,『공공신학, 어떻게 실천할 것인가?』, 39.
122 Ibid., 40.

교회는 "시민 단체를 통해 정보를 나누고, 경제적으로 지원하며, 그들의 행사에 참여하고 봉사함으로 사회적 책임을 감당할 수 있다."[123]

다음으로, 경제 개혁을 요구하는 주장을 살펴본다. 이 요구는 신자유주의의 글로벌화를 맞아 더욱 심각해진 경제 부정의를 배경으로 한다. 즉, 오로지 경제 성장을 주된 목표로 삼아 작동하는 가운데, 시장에 정의로운 평화와 인간존엄의 가치가 상실되고 있다는 위기감 때문이다. 여기서 경제 성장과 이윤 창출에 중심에 서 있는 기업의 성격을 명확히 할 필요가 있다.

스택하우스는 기업의 목적이 이윤 창출이란 측면보다, 하나님이 주신 기관이란 의미를 갖는다고 보았다. 그래서 그는 기업을 공동체의 물질적 복리에 기여함과 동시에 인류를 위한 은혜의 대리인 혹은 은혜의 표시요, '세속에 봉사하는 공회'(worldly ecclesia)로 부른다.[124]

이것은 기업으로 하여금 일체의 이윤을 포기하라는 뜻이 아니며, 다만 기업이 도덕적 방식으로 이윤 창출을 해서 그 소명을 잘 감당할 수 있도록 이끌어 주어야 한다는 점을 강조하는 것이다. 더 나아가 그는 경제 개혁을 위해서는 기업 문화, 자원의 효율적 사용, 노동의 윤리, 시간 사용의 중요성 등도 함께 고려해야 할 중요 사항으로 보고 있다.[125]

또한, 경제 개혁의 실현을 위해서는 그 사회 속에서 긍휼과 정의의 가치를 실천해서 부의 재분배를 통한 경제 정의를 실현할 수 있어야

---

[123] 민종기, 『한국 정치신학과 정치윤리』, 107. 여기서, 정치인을 향해 지지, 요구, 감시, 비판 기능을 통한 지지와 견제를 강조한다. 또, 개혁을 위한 정치적 제자도의 구현 지침은 공적 정의의 시행, 분배 정의의 구현, 국민 복지의 달성, 다원적 영역의 유지 등을 제시한다. 124-127.

[124] 문시영, "교회 안에서 시작하는 공공성," 146.

[125] Ibid., 145.

한다. 이것은 먼저 교회 내에서 실천되어야 한다. 곧 교인 간 그리고 교회 간에 부의 일부를 스스로 재분배하고 그들이 누리는 복을 함께 나눌 수 있는 창조적 방법이 강구되어야 한다.[126]

이를 통해 신자 간, 교회 간 경제적 균형을 이루고자 하는 성경적 목표를 향해 조금이라도 더 가까이 전진해 갈 수 있다. 뿐만 아니라, 국가 사회 속에서 분배 정의(distributive justice)를 실현할 수 있어야 한다.

> 분배 정의는 사회의 이익 배분을 위한 공평한 기준을 논한다. 성경이 정의라는 관념을 분배적 기능에까지 확장시킬 때, 정의의 관념은 사랑의 개념의 연장선상에서 분명하게 보인다.[127]

결국, 성숙한 교인과 시민이 함께 경제 정의를 위해 힘을 합칠 때, 그 국가 사회는 성숙한 정치뿐만 아니라, 성숙한 경제도 보게 된다. 이런 측면에서 지난 1989년 창립된 경제정의실천시민연합(약칭: 경실련)은 한국의 시민 사회단체와 YMCA를 중심으로 범기독교계가 함께 설립했던 경제 개혁운동체의 좋은 모델이 된다.[128]

4) 환경 문제에 대한 관심

현대 사회의 세상 사람은 성경을 읽지 않는다. 대신에 우리 신자의 삶은 읽는다. 이것은 그리스도의 사람이 비신자 앞에 어떤 모습으로 살아야

126　Michael J. Gorman, 『삶으로 담아내는 십자가』, 613.
127　민종기, 『한국 정치신학과 정치윤리』, 125-126.
128　필자는 1989년 가을, 서울 종로 5가 경실련 창립 당시 발기인으로 참여하였다.

하는지 조심스럽게 마주하게 해 준다. 그 때문에 신자는 교회 밖에서 진정한 삶을 통해 복음을 주석해 내고 예수님을 보여 줄 수 있어야 한다.

앞에서 언급했듯이 이를 위해서는 타자 예수님과의 만남을 경험한 사람이면, 이후부턴 다른 타자와의 관계를 중요시하지 않을 수 없도록 이끈다. 더 나아가 시민 사회 속에 공공의 삶과 직접적으로 연관된 정치와 경제적 이슈뿐만 아니라, 자연 환경 문제에 대해서도 관심을 기울이게 된다.

인간의 무관심과 이기심에 의해 자연과 생태계의 파괴가 날로 심각해지기 때문이다. 이것은 하나님께서 창조하신 생명체에 대한 존중과 자연 환경의 온전성을 지켜내고자 하는 의식의 결핍이 원인이다. 자연 세계는 근본적으로 타락한 피조물로서 인간의 범죄 아래 놓이게 됐으며, 이를 오로지 인간적인 관점으로 보면 '말이 없는 상태'로 남겨져 있는 것이다.[129]

이 같은 이유로 자연 환경의 보존과 함께 복구는 우리 기독인이 앞장서서 풀어야 할 과제다. 따라서 2005년 아테네 CWME (Commission on World Mission and Evangelism)는 '생태계 차원에서의 화해와 치유'를 다음과 같이 요청한다.

> 하나의 생태학적인 치유 혹은 화해는 기독교인이 구상하고 있는 것이다. 땅에 있는 것이든 하늘에 있는 것이든 만유의 화해(골 1:20)가 요청되기 때문이다. 우리는 니케아-콘스탄티노플 신조에서 성경을 주님과 생명의 부여자로 고백한다. 성령 안에서의 선교는 이 땅을 번성하게 하고 인간 공동체를 지탱시키게 할 하나의 새로운 전망 혹은

---

[129] Dietrich Bonhoeffer, *Christ The Center* (New York: Harper and Row, 1960), 64-65.

하나의 생명 중심의 접근 방법을 보장한다. 따라서 이와 같은 우주적 화해와 치유는 인류 사이의 화해를 위한 하나의 힘 있는 초석을 마련해 준다(Preparatory Paper 10, 83쪽; 63항).[130]

또한 부산 WCC 총회의 '정의로운 평화의 길을 향한 성명'(2013)에서는 기후 변화에 대한 관심에 주목한다. 여기서는 화석 연료를 지나치게 사용하는 일은 사람과 지구 모두에게 큰 고통이 된다고 한다.

인간의 삶의 스타일과 국가정책의 결과에 불과한 기후 변화는 정의와 평화에 대한 글로벌 위협을 가한다.[131]

그래서 우선 기독교계가 기후 변화의 위험에 대해 함께 인식하고, 그 해결책을 찾기 위해 나설 것을 촉구했다.

온 우주가 하나님의 창조 세계이고, 지구 내 자연이 하나님의 선물이란 사실을 알게 된 후에는, 이 땅의 오염과 파괴에 대해 단호하게 대처하게 된다. 그래서 더 이상의 자연 생태계의 손상을 막고, 이미 손상된 환경에 대해서는 치유와 회복의 생명체로 바꾸어 나갈 책임에 공감하게 된다. 성전의 상업주의적 오염에 대해 분노하셨고 또 언약의 땅에 수탈과 착취를 가했던 식민 세력을 달갑게 여기지 않으셨던 예수께서 지금은 "이 땅의 문명 개발을 앞세운 무차별적인 파괴를 용인하지 않았을 것"이란 말에 귀를 기울이는 것이다.[132]

---

130 공적신학과 교회연구소 편, 『하나님 나라와 지역 교회』, 82.
131 Ibid., 102.
132 차정식, 『예수, 한국 사회에 답하다』(서울: 새물결플러스, 2012), 255.

제3장

한국 초대 교회에 나타난 공적 영성과 그 사회적 영향

그리스도의 복음은 이미 신자된 사람만을 위한 것은 아니다. 오히려, 온 세상을 위한 것임을 보여 줄 수 있어야 한다. 구한말 그 척박했던 땅에 복음을 들고 찾아온 초기 한국 선교사들은 바로 '그것'을 보여 줄 수 있었다. 이로 인한 영향으로, 한국 기독교는 우리 근대사에서 가장 큰 공헌을 하게 된다.

1884년부터 시작되는 한국 초대 기독교회는 비록 소규모였지만 기독교 윤리에 기초한 사회 개혁운동에 앞장섰고 이후에는 저물어가는 국운을 계기로 민족운동과 관련을 맺게 된다. 그래서 선교 초기부터 1905년을 전후한 시기까지를 보면, 보수나 진보 같은 이념적 갈등이 들어설 자리를 찾지 못했다. 오로지 통전적 신앙으로 사회 개혁과 민족운동을 위한 책임에 공감하며 활기 있는 집단으로 참여할 뿐이었다.

따라서 당시 "기독교 사회·민족운동은 바른 교회, 바른 사회를 지향한 공적신학에 기초하여 있다"[1]는 사실을 발견한다. 그 결과, 초기 한

---

[1] 김명배, "구한말 기독교 사회,민족운동에 대한 공적신학적 성찰," 이형기 외, 『공적 신학과 공적 교회』(경기: 킹덤북스, 2010), 420.

국 기독교는 중심에 서 있는 공적 영성으로 민족의 아픔과 함께하는 신앙의 전통을 마련할 수 있었다. 그리고 "'아시아 전체에서 보았을 때 국회라는 것을 제외하고는 가장 민주적인 시민 생활의 지도력'이 배출되는 유일한 기관이 되었던 것이다."[2] 이제 이 같은 내용을 조명해 보기 위해 본 장에서는 초기 한국 선교사의 구체적인 영향력과 공적 영성으로 인한 당시 사회의 다양한 영향에 관해 살펴보고자 한다.

1. 초기 한국 선교사의 영향력과 공적 영성

19세기 후반 한국적 상황은 본격적으로 복음을 받아들이고 교회를 설립하기에는 아직 분위기가 마련되어 있지 않았다. 따라서 초기 한국 선교사들은 직접적인 측면의 선교 활동보다는 타협하는 자세로 간접 선교 방식을 취하게 된다. 즉, 교육, 의료, 문화 사업 등을 통해 기독교의 공적 책임을 실천하는 사회의 공적 기관으로서의 역할이 그것이다. 이것은 초기 한국 선교사들이 "피선교국의 상황을 고려해 피선교국의 문화적, 개화적 욕구에 부응함으로써 기독교에 대한 오해를 불식하고 복음 전도의 기회를 마련하고자 한 것이다."[3]

그런가 하면, 한국 기독교의 수용과 전개는 구한말 갑신정변(1884. 12. 4)과 민비 시해 사건(1895. 10. 8)이라는 민족적 비극 상황과 때를 같이

---

[2] H. E. Blair, "Fifty Years of Development of the Korean Church," *The 50th Anniversary Paper*, Presbyterian Church in the U.S.A., 1934, 129, 민경배, 『한국 기독교회사』(서울: 연세대학교 대학출판문화원, 2015), 348에서 재인용.

[3] 이만열, 『한국 기독교사 특강』(서울: 성경읽기사, 1996), 93.

한다. 따라서 당시 선교사들은 개인적 신앙 노선과 교리를 뛰어 넘어, 선교의 장으로 설정된 한국의 민족적 아픔에 참여하게 된다.[4] 결국, 선교사들은 초기부터 한국의 정치적인 사건과 관계하게 되는데, 이를 돌아볼 때 선교 전략상 예상 밖의 긍정적인 효과를 가져오는 계기가 되었다.[5] 그 대표적인 예는 다음과 같다.

> 당시에는 개신교가 크게 발전하고 있었는데 한국 정부의 지원과 밀접한 관련이 있었다. … 일본인 폭도에 의해 민비가 시해된 후 한때는 선교사들이 황실을 지키며 고종의 보호를 맡기도 하였다. 고종은 이 때 음식에 독약이 들었을까 염려하여 선교사들이 차려 주는 음식만 먹을 정도로 선교사들을 신뢰하였다. 왕실 및 정부와 이러한 친분 관계가 있던 선교사들과 교회는 1890년대 후반에는 애국 충군운동을 벌여 국가 자주 의식을 고양시켰다.[6]

그러나 을사조약(을사늑약, 1905. 11. 17)으로 국권이 상실되자, 선교사들은 한국의 정치적인 문제가 선교 사역에 미칠 영향을 놓고 고민하게 된다. 이 시점에 선교 대상국이 처한 정치적인 위기에 답을 줘야 했다. 그리고 그것은 정치 문제에 직접 개입이 아닌, 간접적인 형태로 정치적 발전과 행동에 나서며, "다만 기독교는 '자유의 정신을 일깨우고 이를 계발하며, 약자에게 힘을 부여'해서 사회에 더 깊이 현존한다는

---

[4] 한국기독교역사연구소,『한국 기독교의 역사 I 』(서울: 기독교문사, 1996), 302.
[5] Ibid., 302.
[6] 이만열,『한국 기독교사 특강』, 130.

것"⁷에 강조점을 두고자 했다.

　그렇지만, 교회가 정치 문제에 간접적 내지 소극적이란 비판에 직면하게 되며, 이로 인해 민족운동에 도움이 되지 못한다고 판단한 젊은 기독인들이 교회를 떠나는 계기가 되기도 했다.⁸ 심지어 "정치 지도자의 부조리를 묵인하고 소극적인 의미에서 동조하는 한계를 노출"했다는 비판까지 받게 된다.⁹

　비교적 짧지 않지만 어두운 초기 한국 교회사 가운데, 선교사들은 그 중심에 가까이 있었다. 이로 인해 선교사들이 보여 주었던 부정적인 측면이 다소 부각된다 할지라도, 그들이 한국 사회 속에서 기독인으로서 공적 책임을 감당하고자 씨름했던 모습은 결코 잊을 수 없을 것이다. 이 같은 사실은 선교사에 대해 결코 호의적이지 만은 않았던 비숍 여사가 한국 선교사의 "성실과 헌신, 그들이 하고 있는 일에 대한 열의와 넘치는 희망, 피차 다른 교파 사람과의 사이에 편만한 조화와 일치의 정신, 한국인에 대한 경애와 동정"을 높이 평가해 준 것을 통해서도 알 수 있다.¹⁰

7　Causes of the Revival in Korea, *The missionary Review of the World*, Sep. 1921, 669; 민경배, 『한국 기독교회사』, 391.

8　유경동, 『영성과 기독교 윤리』, 174.

9　Ibid., 174. 특히, 을사조약(늑약)과 1907년 정미조약의 체결로 일본이 본격적인 한국 통치자로 자리 잡자 많은 선교사들이 통치자 쪽으로 기울게 된다. 이와 관련해서, 한국기독교역사연구소, 『한국 기독교의 역사 I』, 305에서는, "선교 초기 한국 근대사회 구현에 결정적으로 기여한 선교사들, 자유사상과 민족의식을 일깨워 준 선교사들이, 막상 주권 탈취 앞에 분노하여 일어난 민족운동을 비난 내지 매도하였다는 역사적 사실은 비록 그들이 제국주의 일본의 주구는 아니었다 하더라도 이를 묵인 내지 방조하였다는 비판은 피할 수 없을 것이다"라고 평가한다.

10　I. B. Bishop, *Korea and Her Neighbours* (Seoul: Yonsei University Press, 1970(원판은 런던, 1898), 346; 민경배, 『한국 기독교회사』, 219.

그뿐만 아니라, 심지어 해리스(M. C. Harris)[11]까지도, 일제에 의해 105인 사건의 조작과 잔학한 고문 그리고 일제가 음흉하게 진행했던 한국 기독교 박멸 음모가 드러나자, 그 역시 소리 높여 세계 여론에 한국인의 고통을 호소했다.[12]

이렇게 선교사들은 전도의 대상자인 한국인이 처한 아픔을 외면하지 않고 때로는 땀으로, 때로는 눈물로 공적 책임을 실천하는 공적 기관의 모습으로 한국인과 동행하였다. 기독교 사상의 유입과 초기 선교사의 공적 영성이 함께 조화된 새로운 모델로 하여, 이제 곧 초기 한국 기독교인이 사회 개혁의 핵심 세력으로 등장하게 된다.

이 지점에서, 초기 한국 선교사 가운데 변방에서 활동한 이유로 잘 알려지지 않은 이름 없는 많은 분의 소중한 행적에 존경을 보낸다. 그 많은 고마운 선교사 가운데 여러 자료를 통해 공통적으로 만날 수 있는 몇 분에 한정해 그들의 영향력과 공적 영성만을 고찰하게 된 것은 이 책이 가진 한계다.

1) 알렌(Dr. Horace N. Allen)

한국과 미국 간 통상 조약이 체결된 지 2년 후인, 1884년 9월 20일에 최초로 한국에 들어와서 일한 미국 장로교 소속 의료 선교사 알렌이

11　Harris는 한일 두 나라의 감리교 총괄 감독직을 동시 수행했던 인물로 "일본 제국과 가장 친근한 그 Harris"(C. A. Clark, *The Korean Church and the Nevius Methods*, 163)와 "일본의 대리인"(L. G. Paik, *The History of Protestant Mission in Korea*, 417)이라 함.

12　Syen Chun Station, *The Annual Report of the Board of Foreign Mission Presbyterian Church in the U.S.A., 1913*, 284, 민경배, 『한국 기독교회사』, 338에서 재인용.

입국하게 된다.[13] 이후 가족도 중국에서 들어와 최초의 한국 주재 선교사 가족이 되었지만, 정부의 제한 때문에 그의 활동은 미국 공사관 안에만 국한되었다. 그러다가 1884년 12월 4일 민영익이 저격을 당하는 정변이 발생하자, 그의 치료를 맡는다. 치료가 성공하면서 국왕과 왕후는 알렌을 신임하게 되고, 알렌의 황실 의료원 설치 요청은 받아들여지게 된다.[14] 그래서 그는 1885년 4월 광혜원(곧 제중원이라 개칭)이란 병원을 세워 의료기관으로서 또 다른 선교 사업의 전초 기지로서 민중과 소통할 수 있는 좋은 중개소 역할을 하게 하였다.[15]

그가 이렇게 한국의 왕실과 연결되어 역할을 할 수 있었던 것은 우연히 만들어진 인연도 있었지만, 국가와 교회 간의 유기적인 연결을 전제하는 칼빈주의적인 장로교적 세계 이해 신학의 영향도 있었다.[16] 또한 알렌은 정부의 허락이 날 때까지 직접적인 복음 전파의 일을 유보해 가며, 대화하고 타협해 가는 조심스런 행보를 보인다. 그 이유로 그는 "이 한국 조정을 현대 문명 기관으로 우선 가르치고 지도하는 것이 훨씬 폭넓은 공헌을 할 수 있을 것이라고 확신"하고 있었기 때문이다.[17]

1895년 10월 8일 민비 시해 사건이 터지자, 알렌은 침묵하지 않고, 일본의 만행을 워싱턴에 계속 보고하고 공개 규탄하며, 나아가 미국의

---

13 Roy E. Shearer, *Wildfire: Church Growth in Korea* (Grand Rapids, Michigan: Wm. B. Eerdmans, 1966), 33.
14 Ibid., 40.
15 한국기독교역사연구소, 『한국 기독교의 역사 I』, 194-195.
16 민경배, 『한국 기독교회사』, 216-217.
17 F. H. Harrington, *God, Mammon and the Japanese* (University of Wisconsin Press, 1944), 55, 민경배, 『한국 기독교회사』, 218에서 재인용.

대일 정책 수정을 강력히 요구한다.[18] 또한 그는 "본인은 그것이 철저히 조사되어 공개되었고, 또 이 사태 배후의 인물이 만천하에 폭로되어 정당한 재판을 받았다는 귀하의 회신을 받을 것을 고대합니다"[19]라는 입장을 일본의 공사관 측에 전달한 것으로도 알려져 있다. 알렌은 기독교 의사로, 미국 대리 공사와 총영사로 또 선교사로서 당시 왕궁에서 쌓은 신뢰를 바탕으로 공적 영역에서 폭넓게 소통하면서 공공선을 위해 싸운 사람이다.

2) 언더우드(Rev. Horace G. Underwood)

언더우드는 영국 런던에서 출생해 13세 되던 해에 미국으로 이주하게 된다. 뉴브런스윅신학교(New Brunswick Theological Seminary)와 모교회인 그로브개혁교회(Grove Reformed Church)에서 전인적·통전적으로 복음을 이해하는 훈련을 통해 개인의 영혼 구원과 사회의 성화를 분리하지 않는 개혁 신앙과 마주한다.[20] 그는 1885년 4월 안수받은 목사로 한국에 입국한 후, 즉시로 왕실 의료원에서 알렌을 돕는 일을 시작하게 된다.[21] 이때 그는 미국 공사 푸트(L. H. Foote)에게 다음과 같이 편지한다.

우리(선교사)는 교육 사업을 시작하고 어학을 연구하려고 내한하였

---

18 이영헌, 『한국 기독교사』(서울: 컨콜디아사, 1995), 77.
19 「구한국 외교문서」, 제11권 미안(美案) II, (1895. 11. 22일자), 130-132, 민경배, 『한국 기독교회사』, 227에서 재인용.
20 이학준, 『한국 교회, 패러다임을 바꿔야 산다』, 144. 그는 학생 시절 구세군 봉사 또 학생선교대회에서 감리교의 아펜젤러와 가깝게 지내며 일찍부터 에큐메니컬 정신을 보여 준다.
21 Roy E. Shearer, *Wildfire: Church Growth in Korea*, 40.

습니다. 우리는 서울에서 한국어 연수생으로 또는 교육 사업가로 일할 터인데, 미국의 국기 아래서 보호를 받을 수 있겠습니까. 지금은 선교 사업이 아니고, 교육 사업을 시작함이 어떻겠습니까.[22]

그러나 이후, 복음 전도라는 본래의 사명을 감당하려 할 때, 한국 정부와의 갈등을 우려한 알렌의 만류도 있었다. 그러자 언더우드는 한국 정부를 상대로 존중과 타협의 자세로 복음을 전하고 있는 자신의 입장을 밝혔다.

우리는 한국 정부와의 서약을 지키고 있으며 병원, 학교, 고아원 등을 통해 개종시키는 일은 하지 않고 있다. 내 집에서 세례 베푸는 것이 위해하지 않다고 본다.[23]

여기서 그는 한국 사회의 성화까지 염두에 두어 대화와 설득을 넘어 대안을 위한 모범을 제시하는 모습을 보여 준다. 그래서 그는 사회적 성화를 위해서 민주적 담론과 설득을 통해 나누고, 동시에 삶의 양식과 모범을 실천해 보여 준 것이다.[24]

이 외에도 민비 시해 후 일본에 의한 암살 위험으로 두려움에 떨고 있는 고종 옆을 지켜 주었는가 하면, 청일전쟁이 끝나면서 전국에 괴질

---

22 민경배,『한국 기독교회사』, 264-265.

23 Horace G. Underwood, "Letter to Dr. Horace Allen" (Seoul: Jan. 27, 1887), Roy E. Shearer, *Wildfire*, 41-42에서 재인용.

24 Horace G. Underwood, *The Call of Korea* (New York: Fleming Revell Co., 1908), 125, 이학준,『한국 교회, 패러다임을 바꿔야 산다』, 197-198에서 재인용.

(호열자)이 퍼졌을 때 목숨을 걸고 환자를 치료해 주기도 했다.[25] 또한, 105인 사건을 조작한 일제가 무수한 한국 기독교 신자와 교회를 박해하기 시작할 때, 이를 국제 여론에 호소하기 위해 미국 북장로회 해외선교부 총무 브라운(Brown) 앞으로 서신을 보내는 일에 함께 참여했다.[26]

그뿐만 아니라, 영한·한영사전 편찬과 한글 맞춤법 통일에 기여했고 그 결과 문맹 타파, 계몽운동, 한국 정신 문화 발전 그리고 동시에 한글 성경 번역에도 크게 기여했다.[27] 특히 그는 성경 번역에 있어서 일반 기층 서민을 배려해 그들까지 이해할 수 있는 문체를 사용하려고 힘썼다.

> 번역위원회는 고급 유식층 문체와 일반 대중 문체 사이에서 고심에 고심을 거듭했다. 아주 무식한 사람들까지도 이해할 수 있도록 문체가 간결하면서도 식자층의 마음에도 들도록 깔끔하고 순수한 것을 추구했다.[28]

1912년 9월 1일 평양에 있었던 한국 최초의 기독교회 총회에서 그는 제1대 총회장이 된다. 이때 했던 취임 설교를 통해 그의 공적 영성

25　민경배, 『한국 기독교회사』, 228-231. 이 괴질 치료에 관해 「뉴욕 헤럴드」가 1895년 11월 29일자 기사를 통해 보도했다.

26　한국기독교역사연구소, 『한국 기독교의 역사 I』, 320. 도표 참고. 사건의 전말을 알리고자 편지했던 명단에 언더우드 이름이 등장하며, 그는 1912년 3월 25일에 보낸 것으로 되어 있다.

27　임희국, "한국 교회의 공적책임 실천, 그 역사적 사례," 이형기 외, 『공적 신학과 공적 교회』, 431-433.

28　Horace G. Underwood, "Bible Translating," KMF., Vol. 7, No. 10, Oct., 1911, 297, 한국기독교역사연구소, 『한국 기독교의 역사 I』, 202에서 재인용.

과 성육신적 삶의 모범을 볼 수 있는데, "구주의 존재를 우리 신자들이 그 행위로 이 악한 세상에서 나타내야 할지니, 이 복음을 우리의 행위로 이 세상에 나타내면, 이것이 복음의 권세 있는 것을 나타냄"[29]이란 강조는 귀담아 들어야 할 중요한 통찰이다. 이학준의 말이다.

> 언더우드는 삼천리강산 방방곡곡에 교회가 세워지는 것과 더불어 한국 사람들의 손으로 학교와 병원과 여러 기독교 사회단체가 세워져 고통 속에 있는 이들과 병들어 죽어가는 사람들에게 그리스도의 사랑을 전하는 동시에 교육과 사회 활동을 통해 한국을 정신적,사회적,제도적으로 기독교화하기를 원했습니다.[30]

3) 헐버트(Homer. B. Hulbert)

헐버트 감리교 선교사는 1886년 육영공원 교사 자격으로 한국에 입국하게 된다. 그 후 민비 시해 사건이 터지자 다른 초기 한국 선교사들과 함께 불안에 떨고 있던 고종을 교대로 지킨 인물이기도 하다.[31] 그러나 그는 러일전쟁 전까지만 해도 일본에 대해 우호적인 자세를 취하면서 친일파가 내세운 주장에 동조하는 입장이었다.[32] 그러다가 차츰 일본의 잔인과 불의를 보게 된 그는 울분이 터지기 시작한다.

---

29 "역대총회장 설교," 19, 『선교70주년 기념설교집』, 중권 (대한예수교장로회 총회 종교 교육부, 1955), 민경배, 『한국 기독교회사』, 347에서 재인용.
30 이학준, 『한국 교회, 패러다임을 바꿔야 산다』, 145-146.
31 한국기독교역사연구소, 『한국 기독교의 역사 I』, 306.
32 민경배, 『한국 기독교회사』, 235. 친일의 명분은 한국과 일본의 목표가 교육과 개화이고, 외국이 한국을 모욕해도 일본은 그러지 않으며, 한국과 일본의 번영과 발전이 같은 궤도를 따라 성쇠한다는 것이었다. Editorial Comment, The Korea Review, Apr., 1904, 74-75.

그래서 선교지 국민이 당한 고난을 마치 자신이 당한 것처럼 여기며 의분을 자제할 여유도 잊은 채 현장 속에서 자신의 행위로 복음을 나타내게 된다. 구체적인 예로는, 본국 정부의 지시로 많은 선교사가 한국의 정치 문제에서 손을 뗄 때 헐버트는 *The Korean Repository*와 *The Korea Review*의 발간을 통해 한국이 당한 어려움을 전 세계에 알렸고 또 한국 YMCA 초대 회장으로 기독교 사회운동의 초석을 놓는 역할을 하기도 했다.[33]

1905년 10월, 일본이 한국에 대한 침략적 행위를 더욱 노골화하게 되자, 이를 저지하기 위해 고종의 친서를 갖고 워싱턴에 도착해 백악관, 국무성 그리고 의회까지 여러 차례 방문하면서 외교적 노력을 다하기도 했다.[34] 그렇지만 그의 이 같은 노력은 미국 정부의 비협조로 실패하고 만다. 그러자 그는 자국 정부의 신의를 저버린 태도에 대해 공인으로서 다음과 같이 냉철한 비판과 함께 반성과 성찰을 촉구한다.

> 한미 간의 오랜 우정에 해당하는 행위가 결국 이런 것이었나 하는 문제는 우리의 관심사가 아닐는지 모릅니다. 하지만 한국인이 이것을 명백한 배신과 변절 행위로 볼 것이라는 데 의심할 여지가 없습니다. … 미국인은 과거 30년간 미국의 성조기는 공의와 진실 때문에 서 있으며, 아무 이기적 이해관계 없이 다만 정의 편에 서서 힘껏 뒤밀어 주겠노라 말해 왔습니다. 그런데 위기가 오니 우리가 먼저 저들을 저버리고 말았습니다.[35]

---

33 한국기독교역사연구소, 『한국 기독교의 역사 I』, 306.

34 Ibid., 306.

35 H. B. Hulbert, *The Passing of Korea* (New York: 1905), 222-223, 민경배, 『한국 기독교회사』,

그는 1906년 3월 다시 한국으로 돌아와 1907년 6월 헤이그에서 만국평화회의가 열릴 것이란 정보를 상동청년학원에 제공하고, 헤이그 밀사 파견을 돕기도 하였다.[36] 그리고 자신이 먼저 헤이그로 가서 한국 대표단의 회의 참석을 돕고 불어로 된 호소문을 작성해 주었으며, 이 호소문이 6월 30일자 「Courvier」지에 전문이 실리게 하였다.[37] 그는 23년간 한국 선교 활동 가운데 많은 부분을 한국 민족운동에 실천적으로 참여하며 교회의 공적 책임을 다 하고자 하였다.[38]

4) 하디(R. A. Hardie)

하디 선교사는 캐나다인으로 남감리교 선교부에서 일하다가 토론토대학교 의과대학 기독교청년회의 후원을 받아 1890년 9월 내한했다.[39] 그 후, 1903년 원산 지역에서는 중국에서 선교 활동을 하던 화이트(M. C. White) 여선교사의 내한을 계기로 연합 기도회를 갖게 되는데, 이때 하디는 선교사로서 자신의 무력함을 고백하는 통회의 기도를 하게 된다.[40]

그는 과거 3년간 강원도 북쪽 일대에서 선교 사역을 열심히 했지만,

234에서 재인용.

36 전택부, 『한국 기독교청년회운동사』(서울: 정음사, 1978), 100, 244; 한국기독교역사연구소, 『한국 기독교의 역사 I』, 306에서 재인용.

37 한국기독교역사연구소, 『한국 기독교의 역사 I』, 306.

38 Ibid., 306. 헐버트 선교사는 광복이 되자 86세의 나이로 한국을 다시 찾았고, 1949년 양화진 외국인 묘소에 안장되었다.

39 민경배, 『한국 기독교회사』, 289; 한국기독교역사연구소, 『한국 기독교의 역사 I』, 189.

40 한국기독교역사연구소, 『한국 기독교의 역사 I』, 268.

결실을 얻지 못한 사실을 고민하다가, 처음 선교사로 오게 된 동기를 떠올리고는 깊은 자책과 반성의 시간을 갖는다.⁴¹ 즉 결실을 얻지 못한 원인이 "자신의 신앙적인 허물, 곧 한국인 앞에 백인으로서의 우월 의식과 자만심에 찼던 권위주의에 있었음을 고백하였다."⁴² 그의 이 같은 고백은 자신뿐만 아니라, 같은 선교사들의 문제에 대한 회개까지 포함하는 것이었다.⁴³

> 성령이 나에게 오셔서 말씀하신 첫 번째 명령은 선교사로서의 삶을 지내는 데 가장 많은 시간을 보내고 있는 그 사람들 앞에서 과거의 나의 실패와 그러한 실패의 원인에 대하여 고백하는 것이었습니다. 그것은 고통스럽고 굴욕적인 경험이었습니다. … 그러나 내가 원산 교회의 회중 앞에 섰을 때, 내가 성령의 충만함을 막 깨닫고 난 이후 첫 주일 아침에, 나의 자랑과 마음의 고통, 나의 믿음 없음, 그리고 이것이 수많은 것을 고백하게 만드는 부끄럽고 혼란스러운 얼굴로 회중 앞에 섰을 때, 비로소 성도는 처음으로 죄의 확신과 회개가 어떻게 실제적인 경험으로 나타나는지를 보게 되었습니다.⁴⁴

위와 같은 회개로 가득한 하디 선교사의 고백은 거기 참석했던 사람

---

41 민경배,『한국 기독교회사』, 289.
42 한국기독교역사연구소,『한국 기독교의 역사 I』, 268.
43 Ibid., 268-269. 당시 일부 지역에서는 1900년 이후 양대인 자세와 같은 우월 의식이 고조되어 있었고, 각 지방마다 선교 기지가 설립되고 교회가 자리 잡자, "선교사들은 개인 사택에 화려한 생활 도구를 들여 놓고 피서지까지 확보하는 등 초기 선교사의 겸허한 모습이 점차 사라졌던 것이다."
44 R. A. Hardie, "R. A. Hardie's Report" (The Report of the Korea District, MECS, 1904), 23-24, 유경동,『영성과 기독교 윤리』, 129에서 재인용.

들에게 큰 감명과 영향을 미쳤을 것이 분명하다. 그 이유는 회개란, 한 개인의 내면적인 죄만 고백하는 차원을 넘어서기 때문이다.

> 거듭나는 중생의 체험이 그러하듯 사회 도덕적으로 이웃에게 피해를 입힌 행위에 대한 깊은 뉘우침과 용서를 비는 실천적인 회개운동과 함께 진행되었다.[45]

따라서 "하디 선교사의 회개는 기독교 윤리학적인 측면에서도 매우 중요하다."[46] 특히, 그에게 나타난 회개가 많은 사람 앞에서 선교사로서 아주 수치스럽고 굴욕적인 모습을 드러냈다는 측면에서 그렇다.[47] 이런 맥락에서 서원모는 "교회를 향한 공적신학의 핵심은 회개 … 회개는 개인적, 교회적, 집단적, 국가적, 세계적 차원 및 과거와 현재를 모두 포함하며 지속적으로 다루어야 하는 과제다"라고 말한다.[48] 이처럼 이 시대의 교회를 향한 회개의 강조는 우리 모두가 귀담아 들어야 할 중요한 통찰이다.

---

[45] 한국기독교역사연구소, 『한국 기독교의 역사 I』, 271.

[46] 유경동, 『영성과 기독교 윤리』, 128. 그것은 "타자 예수 그리스도의 만남은 이제 진정한 의미로서 타자 이웃과의 만남을 전제하기 때문이다."

[47] Ibid., 130-131. 더나아가 유경동은 "왜냐하면 자칫 회개가 개인의 양심적인 수준에서 이루어지고 회개에 뒤따르는 사회적 책임과 의무가 생략될 수 있기 때문이다. 하디 선교사의 회개운동과 현대 개신교계에서 일어나고 있는 회개운동 사이에는 많은 차이가 있다." 특히, 회개에 관해 유경동은 "개인의 도덕적 완성이 아닌, 자신과 이웃이 함께 변화되는 사회적 성화를 목표로 할 때, 완성되는 것"이라는 점을 강조한다(132).

[48] 서원모, "존 아터톤의 제휴와 화해의 공적신학," 공적신학과 교회연구소 정기학술 발표회, 2008년 12월 19일, 9. 서원모는 사회를 향한 공공신학의 주제는 소통과 평화라고 보았다. 또 공공신학의 두 축은 바른 교회와 바른 사회이고, 교회의 개혁 없이는 사회 개혁에 교회가 참여할 수 없다며, 사회 개혁이 선교와 제자도의 주요한 내용임을 깨달아야 한다고 주장한다.

2. 공적 영성으로 인한 사회적 영향

이제까지 앞에서 초기 한국 선교사들의 영향력과 그들에게서 나타난 공적 영성에 관해 살펴보았다. 이에 영향을 받은 한국 사회는 실로 큰 변화와 마주하게 된다. 당시 교회는 복음 전도와 사회 구습 개혁 그리고 약자를 돌보는 민(民)의 대변자 역할을 했고, 기독교인이 된 사람은 적극적인 사회 개혁자가 되어 활동에 앞장서게 되었다.[49]

또한 나라와 민족을 사랑하기에 민족의 아픔을 품고 씨름하는가 하면, 한편에서는 패배 의식과 나쁜 습성에 젖어있는 사람에게 근면하고 생산적인 경제 활동을 하도록 심리적 동기를 부여해 주었다.[50] 그래서 기독교인이 한국 인구의 1%가 되지 않은 소수자 종교 시대에도 사회와 대중에게 크게 공신력을 얻을 수가 있었는데, 이것은 기독교인 개인과 교회가 비신자에게도 신뢰를 받으며 개혁을 선도할 수 있었기 때문이다.[51] 제2절에서는 한국 초대 교회에 나타난 공적 영성으로 인한 사회적 영향에 관해 각각 살펴보도록 한다.

1) 기독교 민족운동과 항일운동

한국 사회는 기독교 수용 이후 잠시의 부흥 과정에 이어, 국권 침탈이란 위기를 맞는다. 바로 이때 초기 한국 선교사에게 배운 기독교 교육

---

49 이만열, 『한국 기독교사 특강』, 117-119.
50 이학준, 『한국 교회, 패러다임을 바꿔야 산다』, 18-19.
51 이만열, "한국 기독교 사회운동: 역사적 고찰," 이원규 편, 『한국 교회와 사회』(서울: 나단, 1996), 158-172.

과 신앙 그리고 계몽사상으로 개화된 민중의 힘을 바탕으로 기독교 민족운동과 항일운동이 전개된다. 이는 곧 개별 개인 개인이 "쓸모 있는 특정한 위치에 자신을 적합해지게 만들어 나가는 책임감의 생성과 부담"[52]을 어두운 겨레 앞에 실천해 낸 것을 의미하였다.[53]

(1) 기독교 민족의식 형성과 전개

한국에서의 기독교인의 민족의식 형성은 기독교가 한국에 유입되는 출발부터 형성될 여건을 갖추고 있었다. 서구 제국주의 기독교 국가에 의해 식민지로 전락한 다른 많은 아시아와 아프리카 국가에 있어서는 기독교가 민족주의나 자주 국가 이념과 연결되기 어려웠다.[54] 그러나 비기독교 국가였던 일본에 의해 식민지화된 한국의 상황은 달랐는데, "한말 일제하에 기독교와 민족운동이 결합할 소지가 있었던 것은 이 때문이다."[55] 이 같은 여건 위에 초기 한국 선교사부터 시작한 기독교 교육과 신교육 훈련을 통해 개화된 인생관과 세계관을 접하게 되면서 한국의 기독교 민족의식 형성이 본격화되어 갔다. 그러다가 19세기 말 한

---

52 "Missionary Education and the Independent Agitation," *The Christian Movement*, 1920, 254, 민경배, 『한국 기독교회사』, 393에서 재인용.

53 영국의 신문 기자 F. A. Mckenzie(한말, 일제 초기 특파원으로 한국에 근무)는 『한국의 독립운동』(*Korea's Fight for Freedom*)이란 책에서 한국 기독교와 민족운동과의 관련성을 다음과 같이 논하고 있다. "일본이 한국을 병합하기 전에 많은 수의 한국인이 기독교에 입교하였다. … 미션계 학교에서는 잔 다아크, 햄프던, 조오지 와싱턴 같은 자유의 투사들에 대한 이야기와 함께 근대사를 가르쳤다. 선교사들은 세계에서 가장 다이내믹하고 선동적인 서적인 성경을 보급하고 또 가르쳤다. 성경에 젖어든 한민족이 학정에 접하게 될 때에는 그 민족이 멸절되던가, 아니면 학정이 그쳐지던가 하는 두 가지 중의 하나가 일어나게 된다." 이만열, 『한국 기독교사 특강』, 128.

54 한국기독교역사연구소, 『한국 기독교의 역사 I』, 292; 이만열, 『한국 기독교사 특강』, 127.

55 이만열, 『한국 기독교사 특강』, 127.

국 왕실이 비극을 맞게 되자, 민족의식은 더욱 구체화되어 황실의 안녕과 국권수호를 위한 충군애국적인 형태로 전개된다.[56]

그렇지만, 순수한 의미로 기독교의 충군애국 정신이 항일운동으로 실행되기 시작한 것은 을사조약(늑약) 체결로 인함이다. 조약이 일제에 의해서 강제로 조약이 체결되자, 행동적인 집회,시위, 자살에 의한 항일의식 표현 그리고 한걸음 더 나아가 무력 저항의 형태로 표출되었다.[57] 이렇게 교회가 그 연결 고리가 된 항일운동의 분위기는 전국적 확산을 맞는다.

> 무력 투쟁도 불사하는 이 같은 기독교인의 항일운동은 이들의 기독교 신앙 속에 애국과 민족의식이 얼마나 큰 비중을 차지하고 있었는지를 단적으로 보여 주고 있다.[58]

당시 기독교는 개인 구원의 차원을 넘어, 불의가 만든 어두운 터널 속에서 민족을 향해 의식을 갖고 명확한 빛의 역할을 실천적으로 보여 주었다.

---

56 한국기독교역사연구소,『한국 기독교의 역사 I』, 291. 민경배는 이때 전개된 모습을 다음 같이 말한다. 민비 시해 사건이 터지자 장로교/감리교 교인들이 함께 정동교회에 모여 합동 추모예배를 올렸고, 아관파천으로 피했던 고종이 다시 궁으로 환어하자, 배재학당 학생들이 환영하기 위해 도로에서 충정을 웅변적으로 시위했고, 또 1896년 9월 2일 교회 연합으로 고종 탄신 축하 행사를 서울 영천의 모화관에서 성대하게 가졌다. 민경배,『한국 기독교회사』, 240.

57 민경배,『한국 기독교회사』, 249; 이만열,『한국 기독교사 특강』, 145-146.

58 이만열,『한국 기독교사 특강』, 147. 한편, 민경배는 이 시기에 기독교가 맞았던 대부흥(1907년)과의 연관성에 관해 "초월과 역사의 컴뮤니온"이었다며, "이 사크라멘트적(성례적/Sacramental, Communion)인 신앙이 역사 안에서 이질적인 것, 적대적인 것과 공존할 수 있는 정신을 가지게 하였다"는 점을 염두에 둘 것을 강조한다. 민경배,『한국 기독교회사』, 303.

(2) 신민회 활동과 '105인 사건'

당시 초기 기독교인이 항일 무력 투쟁까지 나서게 된 것이다. 이것은 교회라는 조직적인 단체가 직접적으로 정치운동 일선에 참여했다는 측면이 아닌, 기독교 사상에 영향을 받은 인사들이 개인 자격으로 참여한 사실과 마주하게 된다.[59] 이런 배경 하에서, 1907년 초 미국 샌프란시스코에서 돌아온 안창호의 발기로 기독교 민족운동 단체인 신민회가 조직된다.[60] 1910년경에는 300여 명의 회원을 갖는 조직으로 발전하는데, 이 회의 목적은 다음과 같다.

① 국민에게 민족의식과 독립 사상을 고취할 것
② 동지를 발견하고 단합하여 국민운동과 역량을 축적할 것
③ 각지에 교육 기관을 설치하여 청소년의 교육을 진흥할 것
④ 각종 상공업 기관을 만들어 단체의 재정과 국민의 부력을 증진할 것

그리고 방법은 다음과 같다.

① 애국적 선구자는 자기 수양으로 역량을 키우고 회중의 모범이 될 것
② 그러한 동지들이 굳게 단결하여 힘을 더욱 크게 할 것
③ 그 힘으로 교육과 산업 진흥에 전력하여 전 민족적 역량을 준비할 것

---

59 한국기독교역사연구소, 『한국 기독교의 역사 I』, 293. 독립협회 주요 인사 중에 서재필, 윤치호 등의 기독교인이 참여했으나, 교회 조직이 직접 정치에 참여한 것은 아니었다.
60 이영헌, 『한국 기독교사』, 148.

④ 그리하여 앞으로 오는 독립의 기회를 놓치지 말고 자주적 역량으로 민족 재생의 큰 사업을 이룩할 것[61]

신민회는 당시 실추된 국권을 회복하기 위해서는 교육을 통해 역량을 강화하고 민족을 단합시키며 경제 증진운동으로 독립의 기회가 올 때 민족의 독립을 이룩하고자 하는 실천적 목표를 갖고 있었다. 따라서 활동 성격상 기독교적인 정신이 그 안에 내재된 가운데, 정치, 경제, 교육, 산업 등 사회 전반에 걸친 내재적 모순과 외압을 극복하기 위해 활동하였다.[62]

그러나 1911년에 일제는 신민회를 비롯한 기독교 세력을 탄압하고 선교사들을 추방할 목적으로 '데라우찌총독모살미수사건'을 조작해 낸다.[63] 이 사건을 '105인 사건'(Conspiracy Case)이라 부르는데, 조작된 자료를 근거로 105명의 교인과 목사에게 유죄 판결을 내려 기독교회를 와해시키고자 했기 때문이다.[64] 이로 인해 민족운동 진영과 기독교계는 큰 타격을 입게 된다. 그렇지만 사건에 연루된 사람들이 재판정에 피고로 나서자, 세계는 깜짝 놀랐다.[65]

---

61 신구문화사, 『한국 현대사 IV』, 68-69, 이영헌, 『한국 기독교사』, 148에서 재인용.
62 한국기독교역사연구소, 『한국 기독교의 역사 I』, 299.
63 이영헌, 『한국 기독교사』, 148; 한국기독교역사연구소, 『한국 기독교의 역사 I』, 312-313.
64 Roy E. Shearer, *Wildfire*, 34. 한국기독교역사연구소에 의하면, 신민회원 대부분이 기독교인이었으며 105인 사건을 통해 드러난 신민회원의 신력 분석에 따르면 기소자 123명중 장로교인이 96명, 감리교인 6명, 천주교인 2명 등이었고, 장로교인 96명 가운데 목사 5명, 장로 8명도 포함되어 있었다. 또 연루된 선교사도 24명에 달한다(『한국 기독교의 역사 I』, 299, 315).
65 민경배, 『한국 기독교회사』, 334.

여기 범죄인의 얼굴은 하나도 찾아볼 수 없다. 범죄자의 모습은 하나도 없다. 다만 교양과 인품의 고상함으로 해서 그 삶이 한없는 순도와 성실로 차 있으며, 신앙의 돈독과 경건의 깊이로 선교사들에게나 겨레에게 친숙히 알려져 있는 사람들밖에 거기 눈에 띄는 사람이 없다.[66]

이 사건은 식민지로 전락한 한국이 일제를 상대로 한 조용한 싸움이었다. 이런 측면에서 교회를 향한 일제의 핍박 음모는 곧 기독교가 일제를 향해 일어섰던 저항운동이라는 성격이 있었다.[67]

감옥에서 풀려난 사람들이 평양역에 도착했을 때 시민 9천여 명이 운집하여 맨손으로, 다만 그리스도 신앙으로 정의와 인간 존엄 그리고 조국을 위해 희생되었던 이들의 도착을 울먹이며 환영했던 것이다.[68]

(3) 3·1운동

앞에서 살펴본 바와 같이, 한국 교회는 초기부터 일제 침략에 대해 저항하며 민족 구원을 위한 항일 민족운동 형태로 적극 참여하는 분위기가 조성되어 있었다. 그래서 교회는 "민족의 고난에 동참하는 신앙의

---

66 A. J. Brown의 말. F. A. Mckenzie, *Korea's Fight for Freedom*, 221, 민경배, 『한국 기독교회사』, 334에서 재인용.
67 민경배, 『한국 기독교회사』, 336.
68 G. T. Brown, *Mission to Korea*, Board of World Mission, P.C.U.S., 1962, 87, 민경배, 『한국 기독교회사』, 336에서 재인용.

전통을 수립하였다."⁶⁹

그러다가 제1차 세계대전 후, 전 세계적으로 새로운 질서에 대한 관심의 고조와 일제의 한국 강점에 따른 민족적 모순 확대 그리고 민족 종교로 부상한 기독교에 대한 극심한 탄압(위의 105인 사건은 대표적 사례 중 하나다) 등이 주요 원인이 되어 항일 감정이 폭발한 것이다. 그래서 전국적 조직과 진보적 성향을 갖춘 기독교계와 동학의 후신인 천도교계가 앞장서게 된다. 당시 한국 기독교인 속에 내재된 민족 문제에 대한 자세와 역량에 관해 한 선교사는 다음과 같이 평가하고 있다.

> 예수교회가 이번 운동에 참여한 것이 정당했다고 믿지 않을 사람은 한 사람도 없었다. 예수교인만이 현시점에서 국제 정세에 정통해서 민족 자결의 횃불을 들겠다는 판단을 내렸던 것이다. 그것도 시간적으로 보아 이때가 가장 적당하다고 판단하리만큼 그 안목이 트여 있었다. … 예수교인만이 참혹한 식민 정책에서 소망을 포기하지 않았던 유일한 부류의 한국민이다. 물론 저들은 선교사들이 한국에 머물러 있다는 사실에서 묘한 힘을 얻었는지 모른다. 그러나 사실 기독교인의 공동체 안에는 어떤 크고 어려운 일이라도 타개해 나갈 수 있는 유능한 인재들이 많이 있다. … 이와 같은 모든 통일과 형편이 교회의 지도자들로 하여금 이 독립운동에 앞장서 가도록 여건을 마련해 주었던 것이다.⁷⁰

69　한국기독교역사연구소, 『한국 기독교의 역사 II』, 40.
70　미국기독교연합회동양문제연구회, "3 · 1운동 비사(祕史)," 비사VII, 사신, 1919년 4월 30일, 「기독교사상」, (1966년 6월호), 93, 이만열, 『한국 기독교사 특강』, 161에서 재인용.

한국인은 기독교를 통해 자유와 정의와 정직의 정신을 배웠다. 따라서 이를 향한 근원적 열망이 있었고, 이 때문에 민족 독립을 요구하는 것은 너무도 당연한 순서였다.[71] 또한 교회는 서로 다른 신앙 세계가 엄격히 존재했음에도 불구하고 민족의 독립을 위해 타종교와도 연대하며 누구보다도 희생에 앞장섰던 모습이었다. 그 결과, 기독교, 천도교, 불교의 민족대연합전선이 마련되었고 항일 에너지의 응집력은 극대화되었다.[72] 이런 가운데 기독교가 가장 심한 피해를 입었다.

> 어떤 지방에서는 촌락 전부가 만세를 불렀지만 기독교인만 잡아갔다. 경찰과 헌병은 만나는 사람마다 붙잡고 교인 아닌 자들은 놓아주었으나 교인은 용서가 없었다.[73]

> 당시 총인구의 1.5%정도에 지나지 않았던 기독교인이 3·1운동과 관련된 피검자의 17.6%를 차지하고 이들이 대부분 과격행위자이기보다는 시위주동자라는 것을 고려한다면 이 운동에서 기독교의 역할과 피해의 정도를 쉽게 짐작할 수 있다.[74]

---

71 민경배, 『한국 기독교회사』, 368-369.
72 한국기독교역사연구소, 『한국 기독교의 역사 II』, 32-33. 이 문헌에서 서술한 구체적인 연합의 모습은, 경기도는 기독교/천도교/불교가 연합했고, 전라남북도/경상남북도/평안남북도/함경북도는 기독교가 주동하고 천도교가 협력했고, 강원도/함경남도는 천도교가 주동하고 기독교가 협력했고, 불교는 경상남북도/전라북도에서 협력한 것으로 기술한다. 또, 잘 알려 졌듯이 독립선언서의 민족대표 33인의 종교별 구성은 기독교 16명, 천도교 15명, 불교 2명 등이었다.
73 이영헌, 『한국 기독교사』, 155.
74 한국기독교역사연구소, 『한국 기독교의 역사 II』, 38. 특히 전체 여성 피검자의 65.6%가 기독교인이었는데, 이는 구한말부터 여성 해방과 지도자 양성에 힘써온 기독교의 영향이 그대로 나타난 것이다. 38.

한국 교회는 이 같은 희생을 통해 억압 가운데 놓인 한국인의 중심을 잡아 주며, 1919년 3월 1일을 기해 민족 사랑을 입증함과 동시에 기독교에 대한 모든 의심도 털어버리는 계기가 되었다.[75] 1920년 감리교 평양지구 무어(J. Z. Moore) 선교사의 평가다.

> 독립운동, 그 결과가 무엇이든, 그것은 조선 민중의 마음과 심정을 열어 주었다. 지난 50년의 평범한 날들이 못했던 일을 한 셈이다. 새 날이 다가왔다.[76]

특별히, 여기서 간과할 수 없는 것이 3·1운동의 방법이 기독교적 비폭력 무저항운동에 있었다는 점이다. 이 사실은 "독립선언서에는 배타 배일적 태도는 없고 조선 독립을 동양 평화와 인류의 복지를 위한 필연적 추세임을 논하여 그 정신이 기독교적 인도주의임을 보여 주고 …"[77]라는 논증을 통해 확인할 수 있다.

2) 기독교 경제운동

일제는 한국을 강제 점령한 후 한반도를 식량 기지, 원료 생산지, 상품 시장 등으로 만드는 식민지 경제 정책을 펴나갔다. 1911년에는 토지

---

75 Roy E. Shearer, *Wildfire*, 63. Shearer는 당시 한국 교회가 독립운동에 앞장서는 것이 교회에 이롭지 않다는 판단은 잘못된 추측이었다며, 오히려 교인과 선교사가 전에는 의심을 받기도 했으나, 이 운동을 계기로 애국운동의 협조자로 인식되었다고 했다. 63-64.
76 민경배, 『한국 기독교사회운동사』(서울: 대한기독교, 1987), 187.
77 이영헌, 『한국 기독교사』, 158.

조사령을 작동하여 한국인의 땅을 빼앗고, 동양척식주식회사를 통해 일본 농민의 한국 진출로를 확보하고 한국에서의 토지 소유를 유리하게 했다. 그 결과 1918년에는 한국 내 토지 조사 사업이 마무리되고, 그 후 한국 농민은 대부분 영세한 소작농으로 전락하거나 유민화 혹은 화전민화 되어버렸다.[78] 또한 일제는 1910년 12월 회사령을 공표하여 한국인의 경제 성장과 발전을 위한 회사 설립의 기회를 차단하고, 산업 부르주아지의 성장을 억제하였다.[79]

이 같은 시대적 상황 속에서 항일 경제운동은 대체로 일반 기독교인의 생존권운동 차원에서 추진하였는데, 이것은 두 가지 양상으로 전개되었다. 먼저 장기적인 대응책으로 한국인의 소규모 토착 자본을 규합해서 거대한 일제의 자본과 상품에 대항할 수 있는 민족 기업을 성장시킨다는 것이고, 다음은 당장의 자구책으로 일본상품 불매운동, 시장세와 잡세 징수에 대한 항세운동 등을 펼치는 방법이었다.[80]

여기서 전자는 종교성을 초월한 민족운동적인 차원에서 추진된 것이라면, 후자는 주로 기독교인 중심의 운동이었다. 한편 당시 교회 안의 일부 교인은 1900년 이후 노골화하는, 일제의 한국에 대한 경제 침략이라는 현실에 맞서 이를 직시하고 비판하는 의식화의 모습을 보이기도 하였다.[81]

바로 이와 같은 기독교인의 항일 경제운동은 현대의 공공신학이 지

---

78 조기준, "한국사 21: 3·1운동 전후의 사회와 경제," 국사편찬위원회 편,『일제의 경제정책』(서울: 탐구당, 1980), 49-106; 강만길,『고쳐 쓴 한국현대사』(서울: 창비, 2011), 156-159.
79 강만길,『고쳐 쓴 한국현대사』, 185-186.
80 한국기독교역사연구소,『한국 기독교의 역사 I』, 346.
81 이만열,『한국 기독교사 특강』, 138.

향하는 공적 삶에 참여하여 공동의 선에 기여하는 것이었다. 즉, 교회가 시민 사회 영역에서 공적 책임을 감당했던 것이다. 이것은 스택하우스가 말하는 국가와 개인을 중재하는 제3의 영역인 공적 영역 혹은 시민 사회를 위한 기독교 사회 윤리라는 차원에서의 공공신학의 전개였다고 할 수 있다.[82] 따라서 일제하 한국 경제운동의 큰 틀은 기독교계가 YMCA와 여러 시민 사회단체와 협력해서 공적 책임을 감당하였던 사실과 마주하게 된다.

(1) 기독교 민족주의자의 경제적 실력 양성운동

한국 초기 기독교인의 의식화된 운동의 시작은 구한말 봉건 사회의 부정과 부패에 대한 저항에서 출발했다. 당시 중앙이든 지방이든 할 것 없이 관리 사회에서 불법 비행과 매관매직이 성행했는데, 지방관은 "낮에 생각하고 밤에 헤아리는 것이 돈먹을 생각"뿐일 정도로 악행을 일삼았다.[83] 이에 기독교인이 부정부패 추방운동에 앞장섰고, 그러자 지방관에 따라서는 교회가 있는 마을에 관리로 부임하는 것을 꺼릴 정도였다.

그런데 이처럼 기독교 민족주의자들이 벌인 반봉건적 생존 투쟁은 이후 일제의 한국 침략이 노골화되던 시기에는 항일 경제운동으로 연결되었다.[84] 이같은 운동은 일제가 식민지 경제 정책을 펴서 한국인의 토지를 빼앗고, 회사 설립을 억제하며, 한국인의 노동력을 착취하면서부

---

82 장신근, "공적신학이란 무엇인가?" 72.
83 「독립신문」4권 187호, 1899년 8월 16일; 이만열, "기독교 수용과 사회개혁," 432, 김명배, "구한말 기독교 사회,민족운동에 대한 공적신학적 성찰," 394에서 재인용.
84 김명배, "구한말 기독교 사회,민족운동에 대한 공적신학적 성찰," 395.

터 기독교 민족주의 진영의 실력 양성운동은 본격화를 맞는다.[85] 곧 민족의 실력을 키워 장차 독립의 때를 준비하자는 구상이었다.

구체적인 기독교인 중심의 항일 경제운동으로는 세금 불납운동이 있다. 일제의 통감부는 시장세, 가옥세, 담배 경작세, 주세 같은 각종 새로운 잡세를 만들어 강제 징수하였다.[86] 이에 기독교인들이 항세운동을 펼치게 되는데, 그 배경에는 국민의 권리를 수호하고 존중하는 정당한 정부에만 복종한다는 근대 시민적인 정치의식이 내재되어 있었다.[87] 그런데 지역에 따라서는 선교사들의 적극적인 참여도 주목할 만하다. 즉 함경도 경성군의 항세운동은 선교사와 기독교인이 연합해서 전개했고, 성진에서는 그리어슨(R. G. Grierson)과 로스 선교사의 지시에 따라 각종 시장세에 대한 불납운동을 전개했다.[88] 그뿐만 아니라, 선교사나 한국인 조사는 다음과 같은 설교를 하기도 했다.

> 예수교인들에게는 특권상 포학자의 학대, 그 중 일본 군대의 압박 등을 면할 수 있을 뿐만 아니라, 문명적인 교의(教義)에 기초하여 생명, 명예, 재산 등에 관한 권리를 얻었으므로 전제적 정치의 법령 즉 인도(人道)에 반대되는 금제(禁制) 및 가혹한 세금에는 복종할 수 없다.[89]

---

85 백종구, "한국 개신교 절제운동의 기원과 전개,"「한국기독교신학논총」, 한국기독교학회 편, 27집, 2003, 337-365.
86 한국기독교역사연구소, 『한국 기독교의 역사 I』, 348; 이만열, 『한국 기독교사 특강』, 147.
87 이만열, 『한국 기독교사 특강』, 148.
88 한국기독교역사연구소, 『한국 기독교의 역사 I』, 348.
89 일본 공사관 기록, 기독교 상황, 청진이사관 기밀 경찰 월보, 1909년 4월분 발췌, 이만열, 『한국 기독교사 특강』, 148에서 재인용.

그리고 또 하나의 기독교계 항일 경제운동은 1907년 전개된 국채보상운동이다. 출발은 기독교인이 아닌 사람들이 국채보상기성회라는 이름으로 시작하였으나, 진행 과정에서 교회 그리고 기독교계 단체와 학교의 역할이 대단했다.[90] 한국은 일본에게 1906년부터 1907년까지 총 1,300만원의 국채를 지고 있었는데, 이 정도의 빚은 당시 한국의 국가 재정으로는 도저히 갚을 수 없는 규모였다.

따라서 이 국채를 해결하지 않고는 자주적인 국권 회복은 어렵게 된다는 판단하에 국채보상운동은 항일 구국운동의 형태로 전국적으로 전개되었다.[91] 그런데 이 운동은 일본에게 진 빚을 갚아 국가 경제의 자립을 목표로 하고 있었지만, 궁극적으로는 일제로부터 국권을 수호하고자 하는 반침략적인 국가 자주운동, 즉 항일 독립운동이기도 했다.[92] 한말 기독교인의 이같은 경제적 실력 양성운동은 일제하에 계속되어 국산품 애용운동, 물산 장려운동, 무실 역행운동 등으로 발전하게 된다.[93]

(2) 기독교계의 자본주의 경제운동

일제의 식민지 체제가 더욱 확고해지던 시대 상황 속에서 기독교 민족주의자는 큰 틀에서 자본주의 경제운동을 전개해 갔다. 여기서는 YMCA를 중심으로 기독교계가 펼친 "조선물산장려운동"을 살펴본다.

평양과 서울에서 YMCA를 중심으로 펼쳤던 조선물산장려운동은 당시 기독교계가 전개한 대표적인 자본주의 경제운동이다. 이것은 한국

---

90 한국기독교역사연구소, 『한국 기독교의 역사 I』, 349; 이만열, 『한국 기독교사 특강』, 149.
91 Ibid., 349-350; 이만열, 『한국 기독교사 특강』, 149.
92 이만열, 『한국 기독교사 특강』, 149.
93 Ibid., 149.

인 소유의 기업을 육성해서 민족 경제의 자립을 도모하고자 했던 민족 운동이기도 하다.[94] 이 운동은 1921년 연희전문학생 50여 명이 '자작회'라는 모임을 만들어 조선 물산을 판매하고 외국산을 배척하면서 시작됐는데, 이후 1922년 6월 20일 평양 지역의 조만식과 평양 YMCA가 중심이 되어 정식 발족하면서 본격화하였다.[95]

설립 취지로는 "조선 물산 장려와 상공업의 진흥을 통해 삼천리가 삼천만 민족의 낙원, 에덴이 되기를 지성으로 갈망하는 바로다"[96]라고 밝힌 것으로서 기독교계 운동임을 알 수 있다. 특히 평양 YMCA를 중심으로 한 이 운동은 시내의 각 교회 청년회와 부인회, 상공업자, 일반 사회단체까지 폭넓게 참여하는 운동으로 전개하였다.

이렇게 발전할 수 있었던 것은 평양 상공인의 참여, 프로테스탄티즘을 통해 계발된 시민 사회적 가치에 대한 지역 내의 폭넓은 공감대 형성, 그리고 기독교계가 솔선해 몸소 실천한 점 등이 작용한 결과였다.[97] 그런가 하면, 서울 지역에서는 중앙 YMCA를 중심으로 기독교계 인사가 1923년 1월 20일 공식 출범한 서울 조선물산장려회의 주요 회원으로 참여하면서부터였다. 서울 지역의 이 운동은 "조선 물산을 장려하여 자작자급의 정신"을 통해 "산업의 진흥을 도모하여 경제적 위기를 구제"하자는 목적으로 출범하여 조선 물산을 각 지방에서 주문받아 일반인에게 싼 가격으로 공급하기도 하였다.[98]

---

94 신용하, 『일제강점기 한국민족사(중)』(서울: 서울대학교출판부, 2003), 218.
95 장규식, 『일제하 한국 기독교민족주의 연구』(서울: 혜안, 2001), 258; 이만열, 『한국 기독교사 특강』, 170.
96 「동아일보」, 1920. 8. 23.
97 장규식, 『일제하 한국 기독교민족주의 연구』, 263-265.
98 Ibid., 302-303.

일제하에서 펼친 한국 기독교계의 이 같은 운동은 공공신학이 지향하는 제3의 영역 곧 시민 사회 영역에서 공적 책임을 감당했던 윤리 실천이었다. 다시 말해 교회가 공익적 목표나 이타적 목표를 실현하기 위해 설립된 자발적 결사체인 시민운동 단체(NGO)와 협력해 대사회적 공적 책임을 시민운동의 담당자로, 내부적 비판자로, 후원자로 역할을 감당한 것이다.[99]

따라서 당시 한국 기독교계는 YMCA 같은 시민사회 운동단체와 연합해 사회적 공적 책임에 이미 나선 것을 알 수 있다. 물산장려운동에 참여했던 산정현교회 김동원 장로의 논평이다.

> 정치의 배경을 가지지 못한 우리 조선인으로서는 구태여 위정자들에게 희망할 것이 아니라 민족적으로 경제적 대단결을 만들어서 이 결함에서 구출케 함이 가할 것 ···.[100]

이 주장은 곧 교회가 시민 사회의 영역에서 함께 경제적인 공적 책임을 수행해야 한다고 역설한 중요한 지적이다.

(3) 기독교 절제운동

이 운동은 청교도적 경건주의 신앙을 배경으로 한 선교사들에 의해 술, 담배, 아편 등을 금하는 개인 윤리 차원의 생활 개혁으로 추진되었다. 그렇지만 식민지로 전락된 후 사회 경제적 상황과 맞물려 곧 사회

---

99 이혁배, 『한국 기독교 윤리 쟁점』(서울: 동인, 2011), 46.
100 장규식, 『일제하 한국 기독교민족주의 연구』, 279.

개혁을 위한 운동으로 발전하게 되었다. 즉 청교도 신앙이 내포하고 있는 엄격한 내적 믿음과 도덕적 실천이 개인의 생활, 가정, 교회, 경제, 정치적 제도와 사회 질서를 변화시켰던 것이다.[101]

본격적인 절제운동은 3·1운동 후 장로교와 감리교의 주도로 진행되었고, 초교파적으로는 1923년 세계기독교여자절제회에서 파송한 틴링(C. I. Tinling)의 내한을 계기로 활발한 활동이 전개된다.[102]

구한말 음주와 흡연은 사회 전반에 퍼져 있는 일종의 국민적 악습이었다. 그래서 선교사들은 심신의 건강, 경제적 문제, 사회적 기강 및 개화와 관련한 이유로 이를 금하도록 하였다.[103] 당시의 심각성으로는 "그때 1년간의 주초대(술/담배 비용)는 당시 액수로 총 2억 원에 이르고 있었다. 그러나 교육비는 1천만 원에 불과하였다."[104]

즉, "우리는 주초를 자녀보다 더 사랑한다"며 악습과의 단절을 촉구하였다.[105] 특히, 금주 강연은 단순한 절제운동이 아니었다.

> 우리는 금주하고 금주운동을 철저히 하여 조선을 살리자. 조선의 금주운동은 모든 운동 중에 가장 큰 운동이다. 육을 살리고 영을 살리는 운동이며 죽어가는 조선을 살리는 운동 ….[106]

---

101 백종구, 『한국 초기 개신교 선교운동과 선교신학』(한국 교회사학연구원, 2002), 4, 김명배, "구한말 기독교 사회·민족운동에 대한 공적신학적 성찰," 407-408에서 재인용.
102 한국기독교역사연구소, 『한국 기독교의 역사 II』, 232.
103 박정신, 『근대한국과 기독교』(서울: 민영사, 1997), 41; 김명배, "구한말 기독교 사회,민족운동에 대한 공적신학적 성찰," 406; 이만열, 『한국 기독교사 특강』, 105-106.
104 민경배, 『한국 기독교회사』, 409.
105 Ibid., 409.
106 한국기독교역사연구소, 『한국 기독교의 역사 II』, 233.

여기서 볼 수 있듯, 금주운동은 사회 개혁운동이요, 민족을 살리는 경제운동이라는 대전제에서 출발한 것이었다. 또한 아편 금지에 관하여는 당시 신문에 실린 '아편 금할론'이란 논설을 통해 알 수 있는데, "아편이라는 것은 사람에게 비상보다 더 독한 것이라. 이것으로 집안이 패하고, 몸이 죽고 나라가 망하는 것이니 사람이 가까이 할 것이 아니라."[107] 이 가운데, 금주와 금연운동은 자주적인 국권 회복을 위해 추진되던 국채보상운동과도 연결되어 기독교권 밖으로까지 확산되었는데, "2천만의 국민이 3개월간 금주 · 금연하여 돈을 모아 부채를 갚자는 방법이었다."[108]

기독교계가 펼친 이 같은 운동은 시민 사회 지도자들과 함께 조선 총독부를 상대로 미성년자 금주 · 금연법 제정운동을 벌여, 1938년 4월 '청소년보호법'의 법제화를 이루게 된다.[109] 이 법 속에 미성년자 음주 · 흡연 금지 조항을 삽입한 것이 오늘까지 그 법적 효력을 유지한다는 점에서 "기독교 절제운동이 한국 사회 환경 조성에 끼친 영향의 일면을 확인할 수 있다."[110]

따라서 당시 기독교 절제운동은 과거의 삶을 변화시키는 계기가 되었고, 한국 사회의 악습 개혁과 연관되어 기독교 사회 · 경제 개혁운동과 반봉건운동을 확산시키는 데 영향을 주었다는 사실과 마주하게 된다.[111] 이런 측면에서 이 운동은 공공신학이 추구하는 개인과 가정 그

---

107 그리스도 신문, 5권 14호, 1901년 4월 4일, 이만열,『한국 기독교사 특강』, 106에서 재인용.
108 한국기독교역사연구소,『한국 기독교의 역사 I』, 350; 류대영,『초기 미국 선교사 연구』(서울: 한국기독교역사연구소, 2001), 116.
109 한국기독교역사연구소,『한국 기독교의 역사 II』, 236.
110 Ibid., 236.
111 이만열, "기독교 수용과 사회개혁," 416-420, 김명배, "구한말 기독교 사회.민족운동에 대

리고 교회와 사회, 즉 세상의 변화와 개혁을 위한 경제운동이며 공적 영역에서의 책임 수행운동이었다.

3) 기독교 사회 개혁과 사회 문화운동

한국 초기 기독교내에는 당시 혹독했던 국가 사회적 상황을 바라보며 부둥켜안고 씨름하는 모습이 있었다. 이는 곧 "사회 구원적 차원에서 사회의 제반 문제에 직간접으로 참여하여 이의 해결을 위해 노력하는 사회운동으로의 흐름이다."[112] 특히 3·1운동 후 교회는 민족운동의 일환으로 다양한 형태의 사회 개혁과 사회 문화운동을 전개하게 된다.[113]

(1) 사회 치유와 혁신 사업

한말에는 관직을 사고파는 일이 심했고, 이렇게 관직을 사서 관료가 된 사람은 무고한 백성을 착취하는 현상으로 이어졌다. 이에 대해 기독교인이 항거했다.

> 세력 있는 관리에게까지 '야소교인은 자기 자신도 부정 불의한 일을 행하지 않을 뿐 아니라 생사여탈권을 가진 수령에게까지도 부정을 하지 못하도록 하는 자들'이라는 소문이 나 있었다.[114]

한 공적신학적 성찰," 390에서 재인용.
112 이만열, 『한국 기독교사 특강』, 168.
113 반면, 일제 탄압의 결과로 현실과 거리를 두는 현실 부정적 신앙의 자세로 신앙의 내면화에만 치우쳐, 신비주의 혹은 내세 지향적 경향으로 흐른 예도 있다.
114 이만열, 『한국 기독교사 특강』, 121.

이 시점에서 이만열은 초대 교회와 비교해 지금 한국 교회가 보여 주는 기독교적 가치관의 사회화가 드러내는 난맥상을 다음과 같이 진단한다.

> 초대 교인은 비록 전체 인구 비율로 보아 1,200명 가운데 1명꼴이었지만 그들은 그리스도를 통하여 하나님 안에서 새 사람이 되었고, 거기에다 자기 이웃과 많은 사람에게 개혁자로서의 이미지를 보여 주었는데, 오늘날 한국 기독교인은 그런 모습을 보여 주지 못하고 있기 때문이다.[115]

한편 당시 교회는 기독교가 강조하는 만민 평등의 이념을 사회적으로 실현하고자 백정 신분 해방을 위한 개혁운동을 펼치기도 하였다. 이 일에 앞장섰던 선교사로 무어(S. F. Moore)와 에비슨(O. R. Avison) 선교사가 있다.[116] 뿐만 아니라, 기독교는 한국인에게 무서운 병처럼 퍼져 있던 무당과 미신에서 해방에 앞장섰다.

당시 선교사들은 무당 굿하는 데 드는 비용이 한해 전체 조정 세입의 3배 규모, 전국 농토 평가액으로도 3배였고, 그래서 굿으로 "1년에 전국의 농토가 셋씩 사라지고 마는 결과가 된다"고 보고했다.[117] 따라서

115　Ibid., 121-122.

116　S. F. Moore, "The Butchers of Korea," *The Korean Repository* (Feb. 1898), 131, 민경배, 『한국기독교회사』, 232에서 재인용. 민경배에 따르면, 백정으로서 최초로 기독교인이 된 박 씨는 1916년 승동교회 장로가 됐고, 그의 아들 박서양은 제중원의학교를 제1회로 졸업하고 한국 최초의 대학 교수가 되었다.

117　Editorial Department, "He is the Farmer," *The Korean Repository*," June 1898, 232. "The Budget for 1898", *The Korea Review*, (Feb. 1898), 70, 민경배, 『한국 기독교회사』, 233에서 재인용.

이같이 한국 땅에 가득 찼던 암흑과 무지를 끊고 무당 굿판에 낭비됐던 국가적 손실을 바로잡아 사회적 치유와 혁신을 이룬 것이 우리 기독교였다.

그런가 하면 기독교가 한국 땅에 실현한 치유와 혁신 사업으로 여성의 사회 참여와 여권 신장을 이룬 사실도 빼놓을 수 없을 것이다. 1897년 12월 정동예배당에서 단군 이래 처음 남녀가 합석하여 토론회를 가지는가 하면, 교회의 세례교인 명부에 여자의 성명이 독립된 한 사람으로 등록되기에 이르렀다.[118] 따라서 기독교의 복음은 당시 여성에게 "생의 목표를 제시해 주고, 그 마음의 지평선을 확대해 주며, 그의 마음과 손에 전에 없었던 책임과 열정을 가득 채워 준 것"[119]이었다.

마지막으로, 바로 앞에서 살펴보았던 기독교 절제운동도 궁극적으로 절제를 통해 사회를 치유하고 개혁하고자 했던 혁신의 일환이었다. 당시 한국 땅에 초기 기독교가 펼쳤던 이 같은 사업을 바라본 한 선교사는 이렇게 감격하였다.

> 기독교는 지금 다른 개혁이 해 낼 수 없는 사회 풍습의 악을 개화해 나가고 있습니다. 복음 앞에서 오랜 악습과 폐습이 조용히 그러나 근원부터 깨져 나가고 있습니다.[120]

---

118 민경배, 『한국 기독교회사』, 273.

119 M. Best, "Development for Work among Women," *Quarto-Centennial Papers* (PCUSA., 1909), 44, 민경배, 『한국 기독교회사』, 274에서 재인용.

120 S. W. Swallen, "Women's Work in Gensan(원산), Notes and Comments," *The Korean Repository*, (June 1896), 262, 민경배, 『한국 기독교회사』, 274에서 재인용.

(2) 교육 사업

이미 앞에서 언급한 언더우드 선교사가 1885년 4월 당시 미국 공사에게 보낸 편지로 한국의 기독교가 교육과 함께 들어온 사실을 알았다. 먼저 교육으로 그 기반을 조성한 후에 복음의 전수가 이루어져야 한다고 보았던 것이다. 따라서 교육의 선행을 선교 정책으로 삼고 있었다는 점과 마주하게 된다. 이같이 교육을 중요시했던 의도를 보자.

> 이 교육의 영향을 받은 사람들을 될수록 많이 포섭해서, 기독교야말로 인간 생활의 진실하고도 가장 완전 적절한 지침임을 알게 하여, 그 신앙을 받아들이게 하는데 ···.[121]

그런데 선교사들이 쓰고 있었던 이 선교 전략과 맞물려 당시 한국 사회는 근대 교육의 필요성을 절실하게 느끼고 있었다. 1897년 간행된 신문 논설에는 "대한이 오늘날 형편에 처하여 위급한 사정을 생각할 진대, 백성 교육하기가 시각이 급한지라 ···"[122]고 기술한다. 이와 같은 배경으로 인해서, 한국에 들어온 기독교는 종교라는 측면보다는 위대한 교육자의 이미지로 환영받게 된 것이다.[123]

그 결과로 1885년 드디어 한국 땅에 아펜젤러(Mr. Appenzeller)에 의해 근대 사립 학교인 배재남학교(Pai Chai Boys' School)가 세워지고, 이

---

121 J. E. Fisher, *Democracy and Mission Education in Korea* (New York: Columbia University, 1928), 41, 민경배, 『한국 기독교회사』, 265에서 재인용.
122 「그리스도 신문」, 5권 10호, 1901년 3월 7일, 이만열, 『한국 기독교사 특강』, 95에서 재인용.
123 Report of Commission III, Appendix A, *World Missionary Conference*, (Edinburgh 1910), 385, 민경배, 『한국 기독교회사』, 265에서 재인용.

어 1887년 한국 정부의 정식 허가를 받는다.[124] 또 스크랜톤(Mrs. Mary F. Scranton)에 의해 1886년 "여학교와 기숙사"(Girls' School and Home)가 세워진다.[125] 그런가 하면 언더우드는 1886년 고아원 형태로 교육 사업을 시작해 오늘의 경신학교의 모체가 되게 하였고, 1889년에는 정식으로 제중원(현 세브란스)이란 의학교를 설립하기에 이른다.[126]

특히 그는 "'상업, 산업, 직업 및 문화, 농업의 측면'을 '종교만큼 강조하는 넓은 의미의 대학 교육'"[127]을 목표로 1915년 4월 개교의 종(현 연세대학교)을 울리게 된다. 한편 당시 육체 노동을 천시하는 풍조 속에서 오로지 민족의 경제적 향상을 위한 산업화의 기초 마련을 목적으로 실업 교육 사업도 다양하게 시도하였다. 그 결과, 1910년에 사립 학교 총 2,250개교 가운데 무려 796개교가 기독교 계통에서 세운 학교로 나타났으니, 당시 교회가 교육 사업에 얼마나 많은 관심을 갖고 있었는지를 알 수 있다.[128]

따라서 초기 한국 기독교 사회에서는 교회 옆에 학교가, 학교 옆에 또 교회가 생겨났던 것이다. 그런데 당시 교육 사업은 개인 교육뿐만 아니라, 사회 풍조의 개혁 더 나아가 백성의 인권을 지키고 사회적 불의를 바로 잡기 위한 방향이었다. 이 때의 교육 목적은 다음과 같다.

124　L. George Paik, *The History of Protestant Missions in Korea, 1832-1910* (Seoul: Yonsei University Press, 1987), 128-129.

125　Ibid., 126-128. 당시 왕비(민비)가 이화학당(Ewha Hak Tang)이란 학교명을 지어 주었다.

126　한국기독교역사연구소, 『한국 기독교의 역사 I』, 197-198; 민경배, 『한국 기독교회사』, 266-267.

127　Horace G. Underwood, *Modern Education in Korea* (New York: International Press, 1926), 131, 민경배, 『한국 기독교회사』, 354에서 재인용.

128　이만열, 『한국 기독교사 특강』, 96.

첫째, 한국인으로 하여금 더 나은 한국인이 되게 하는 것이오.

둘째, 한국인이 자기 나라와 문화에 대해 긍지를 갖도록 하며 외부로부터 아무런 도움이 없이 자주적,자율적으로 자신과 사회,민족의 문제를 해결할 줄 아는, 자유인으로 만드는 것을 목표로 하였다.[129]

이제 기독교 교육 사업의 결과로 "'정상적인 통로를 통해 발전과 성취를 위해 개혁과 기회를 찾게'"[130] 되었다. 바로 교육이 한국 땅에서 그 역할을 한 것이다.

(3) 농촌 사업

일제하 한국 사회는 전체 국민의 80% 이상이 농업에 종사하는 상황이었다.[131] 이 때문에 당시 한국 농가의 피해는 가장 극심한 사회 문제가 아닐 수 없었다. 1910년 이후 일제의 민족 경제 수탈 정책의 결과로 그 피폐는 극에 달하게 된다. 특히 해를 거듭할수록 소작 농가는 크게 증가하여 1930년에 이르러서는 전체 농업 인구의 80%를 차지하고 있어 당시 농촌 경제의 현실을 짐작케 한다.[132] 이 같은 농촌 사회의 참혹한 현실로 인해 기독교 내 장로교·감리교의 교회 조직과 YMCA 등의 주도로 농촌 사업이 진행되었다.

장로교는 개교회의 차원이 아니라, 총회 주관으로 교회의 공적 책

---

129 Ibid., 96. 이와 같은 분명한 목표는 "기독교계 학교가 식민지하에 들어가도 민족 정신을 보전할 수 있는 원인이 되었다."

130 "Better Conditions in Korea," *The Missionary Review of the World*, Jan. 1921, 14, 민경배, 『한국 기독교회사』, 393에서 재인용.

131 한국기독교역사연구소, 『한국 기독교의 역사 II』, 223-224.

132 Ibid., 222-223.

임을 실천하는 측면에서 전국 각 노회마다 농촌부를 만들어 농촌운동을 전개하였다.[133] 이 교단의 농촌 사업은 감리교단과 연계하고 또 전부터 농촌 문제에 관심을 갖고 활동하던 YMCA와도 에큐메니칼 차원으로 연합해 본격화되었다.[134] 이 사업을 통해 농촌 경제 살리기, 즉 경제 자립, 계몽 그리고 소작 쟁의를 지도하여, 일제와 결탁한 지주에게서 농민의 권리를 지키고자 했다.[135]

한편 농촌 사업에 가장 먼저 뛰어든 YMCA의 초창기 주요 멤버는 개화된 상류층 청년의 집합체적 성격이 강했지만, 점차 리더십이 정비되며 공업 교육, 소년 사업, 체육 사업 등을 통해 무저항적인 방향으로 운동을 전환해 갔다.[136] 특히 1925년부터 Y(MCA)는 "한국민 대다수가 사는 농촌 속에 Y운동의 대중적 기반을 마련하기 위한 노력 … Y운동의 토착화 노력이었던 것이다."[137] 그 결과 한국 Y는 "'전체 조선 기독교로 하여금 조선 농촌의 성격을 바로 인식하게 만들고, 선교 정책과 기독교 사업을 농촌으로

---

133 임희국, "한국 교회의 공적책임 실천, 그 역사적 사례," 439.
134 이만열, 『한국 기독교사 특강』, 171.
135 임희국, "한국 교회의 공적책임 실천, 그 역사적 사례," 439-440; 이만열, 『한국 기독교사 특강』, 171. 경상북도 경안노회의 경우 "농사 개량을 통한 농가 수입 증대, 신앙 경건 훈련으로서 농촌운동, 관혼 상제 간소화운동" 등도 전개하였다.
136 F. S. Brockman's Letter to J. R. Mott, 1903. 5. 13., 장규식, "1920-30년대 YMCA 농촌사업의 전개와 그 성격," 『한국기독교와 역사』, 제4호 (서울: 한국기독교역사연구소, 1995), 210-211에서 재인용.
137 장규식, "1920-30년대 YMCA 농촌사업의 전개와 그 성격," 212-213. 당시 Y연합회 총무 신흥우는 "… 한국인의 8할 이상이 농촌에 살기 때문에 영국이나 미국과 같은 방식을 그대로 따를 수는 없다. … 그러므로 한국Y는 다른 나라 도시 Y의 방식과 설비와 조직을 그대로 직수입할 것이 아니라, 국민의 대다수가 사는 농촌에서 새로운 방식과 설비와 조직을 만들지 않고서는 무의미하다. "신흥우 방송녹음 기록," 396-402, 전택부, 『한국 기독교청년회운동사』, 331에서 재인용.

유도한 역사적 공헌'"[138]을 하게 된다. 1926년 열린 "YMCA 농촌 사업 지도자 세미나"는 다음과 같은 사업 목적을 규정한다.

> 농촌 사업의 주요 목적은 정신과 문화와 경제 향상에 있다. 제일 주요한 것은 농민들로 하여금 하나님과 이웃과 올바른 관계에서 살게 하며, 일상 생활을 통하여 정신적 가치를 인식하게 하는 데 있다. 그러므로 그들에게 글을 가르쳐서 문맹을 퇴치하며, 농사의 개량과 협동 정신의 배양을 통하여 그들의 경제 상태를 향상시켜야 한다.[139]

YMCA의 구체적 농촌 사업은 큰 틀에서 농촌 계몽/교육, 지도자 양성, 농촌 문화 계발, 협동 조합, 농사 개량과 부업 장려, 농업 상담/지원 등 다양한 농촌 사업을 벌이게 된다. 그런데 이 문제들을 민족 문제와도 연결하여 지도하려는 노력이 보인다. 즉, 신용 조합과 협동 조합운동은 일제의 농촌 경제 수탈에 저항하는 농민 의식운동으로 그 의미를 갖기 때문이다.[140] 따라서 이러한 방식으로 당시 기독교가 교회의 공적 책임을 열악한 농촌 사회 속에서 실천하고자 했던 사실을 확인하게 된다.

---

138 중앙청년회의 농촌사업 개시,「기독신보」, 1925. 5. 6., 민경배,『한국 기독교회사』, 410에서 재인용.

139 전택부,『인간 신흥우』(대한기독교서회, 1971), 187, 한국기독교역사연구소,『한국 기독교의 역사 II』, 225에서 재인용.

140 한국기독교역사연구소,『한국 기독교의 역사 II』, 230. 그러나 당시 보수 진영에서 교회는 "영적 사업을 하는 곳이니 농촌 문제에 절대로 관여하지 말아야 한다"는 주장도 나타난다. 곧 농촌운동은 세속 사업이니, 교회가 해서는 안 된다는 논리였다. 임희국, "한국 교회의 공적책임 실천, 그 역사적 사례," 445-446.

제4장

한국 교회의 공적 영성의 상실과
그 대안 모색

한국 초기 기독교는 민족이 당한 고통의 십자가까지 스스로 책임지는 모습이 있었다. 이미 기울어 가는 왕가를 지키려고 나섰고, 후에는 민족을 계몽하고 교육하고 치료하는 일을 실천했다. 또한 기독교 민족 의식에 기반을 둔 신민회 활동과 독립운동에 앞장섰고, 경제적 실력 양성 운동과 사회 개혁 그리고 문화운동에서도 주도적인 역할을 수행하였다.

그러나 한국 개신교 선교 100년이 조금 지나서 기독교 인구가 전체 인구에 1/4에 달하게 된 지금[1]은 초대 교회의 전통과는 크게 대조적인 모습이다. 교회 내적인 침체와 외적인 신뢰도 하락은 물론이고, 교회가 과연 정의와 평화 그리고 사랑과 화해라는 기독교적 기본 가치관을 발전시켜 왔다고 자부할 수 있는지도 의심스러울 정도다.

이런 위기감의 핵심에는 큰 틀에서 한국 초대 교회가 품었던 공적 영성의 상실이 자리하고 있다는 사실을 부인하기 어렵다. 일제하에 집

---

1 Bong Rin Ro and Marlin L. Nelson, "The Korean Church: God's Chosen People for Evangelism" *Korean Church Growth Explosion* (Seoul: Word of Life Press, 1995), 16-17. 여기서 한국 초기 선교사 S. A. Moffet(1864-1939)의 아들 Dr. Samuel H. Moffett의 글을 인용했는데, "1890년 1천 명 중 1명이던 한국 기독교 인구가, 1930년 50명 중 1명, 1955년 20명 중 1명 그리고 현재(1987.11.20) 4명 중 1명에 이르렀다"고 한다.

요한 교회 탄압과 해방 후 계속되는 교회 분열, 또 신학의 부재로 인한 '값싼 은총' 강조와 이분법적 사고, 그리고 개교회주의와 산업화,민주화 과정에서의 역할과 균형 상실 등의 원인이 서로 복합적으로 작용한 것으로 보인다. 그래서 제4장에서는 한국 교회가 공적 영성을 상실하게 된 주요 요인을 살펴보고, 그 회복을 위한 대안을 탐구해 본다.

1. 공적 영성이 사라진 이유

1) 일제의 핍박과 해방 후의 혼란

한국 초대 교회에서 나타났던 공적 영성이 사라진 가장 큰 이유로는 일제에 의해 자행됐던 기독교 정신과 민족주의 요소 제거 정책이 그 주요 원인이라 보는 데 전혀 무리가 없을 것이다. 먼저 이를 위한 일제의 구체적인 작업은 신사 참배 강요와 성경 훼손(모세 오경과 요한계시록을 성경에서 삭제)을 꼽을 수 있다. 그리고 한국 내 모든 기독교 교단을 강제 통합시켜 제도적 · 신앙적으로 어용화된 "일본기독교조선교단"의 지배하에 두었던 것은 그 절정이다.[2]

또한 일제는 그간 한국 교회가 펼친 기독교 민족주의 정신에 기초한 독립운동의 시도를 막기 위해 '정교분리'를 내세워 교회의 정치 참여를 철저히 차단하려 하였다. 그 결과 일부 선교사와 한국 교회 지도자가 이에 동조하게 된다. 그런데 이것이 지금껏 단순히 권력에 대

---

2 이만열, 『한국 기독교사 특강』, 191-193.

한 무조건적 복종을 넘어 정치 지도자의 비리를 묵인하고 심지어 동조까지 하게 만드는 한국 기독교계의 고질적인 병폐의 온상이 되어 버렸다.³

그런가 하면, 해방 후 개신 교회의 혼란과 분열이 공적 영성을 스스로 사라지게 만든 또 하나의 측면이란 점은 그냥 덮어 버릴 수 없는 일이다. 일제하라는 비극적 상황에서 겨우 벗어나 이제부터라도 해방된 조국에 기독교적 가치와 정신을 구현해 가는 모범을 보여야 할 교회가 그렇지 못했던 것이다.

교회는 오히려 다투며 둘 셋으로 파당을 만들고 불행히도 분열의 일로를 향해 나갔다. 이런 가운데 한국 사회가 식민지하 반민족적인 잔재 청산에 실패하듯 "기독교 안의 일제 잔재를 청산하는 일에도 영향을 미쳐 일제하의 비기독교적 요소를 단절하지 못하는 결과를 가져오게 되었다."⁴ 이것은 이후에도 거듭되는 개신교 분열의 거친 시련과 비극적 불씨가 되고 말았다.

---

3 유경동, 『영성과 기독교 윤리』, 174-179.
4 이만열, "해방 50년, 한국 교회사를 어떻게 볼 것인가," 한국기독교역사연구소, 「한국 기독교와 역사」, 제4호, 7. 이만열은 일제하의 천황 숭배에 대한 철저한 회개가 없었다는 사실까지 지적하며 다음과 같이 논증한다. "한 우상으로부터의 철저한 단절이 없었으므로 그 뒤 한국 기독교는 '극단적인 반공주의'의 이데올로기와 거기에 연관된 '북진 통일론'으로부터, 또 이승만 정권으로부터, 나아가서는 자본주의적인 '물신주의'로부터 자신을 단절, 해방시키지 못하고 따라서 기독교적인 정체성을 회복하는 데에도 미흡했던 것이다"(9). 또한 그는 "기독교가 엄정하게 일제 치하에서의 왜곡되었던 교회의 현상을 청산하지 못했을 뿐만 아니라, 6·25 전쟁 이후 남북 대결의 과정에서 전쟁에 대한 올바른 해석은 물론이려니와 남북 분단을 오히려 고착화시키면서 이념 대결을 조장해" 왔다는 점도 지적한다(48). 그리고 이학준은 한국 개신교 초기의 왕성했던 공적 영성을 잃게 된 요인으로 "한국 교회는 일제의 핍박과 전쟁의 아픔을 겪는 동안 신앙의 순수성을 지키기 위해 분투노력하는 가운데 자신도 모르게 세상으로부터 스스로를 분리하는 정신적 습성을 키워왔고, 이것이 고착되어 점점 공적 영역에서의 선교적 사명에 대해 무관심하게 된 것입니다. 한국 교회는 핍박 시대에 체득된 사적, 미시적 윤리의 패러다임을 기본 틀로 삼다 보니 공적·거시적 측면의 윤리를 외면해 왔습니다"란 주장을 편다. 이학준, 『한국 교회, 패러다임을 바꿔야 산다』, 69-70.

(1) 일제의 교육과 교회 탄압

일제에 의해 식민지로 전락해 가는 과정에서 당한 핍박으로는 1904년 '한일의정서'와 1905년 '을사조약' 체결을 계기로 본격화한 교육 탄압을 꼽을 수 있다. 이것은 일제에 의해 이루어진 계획적 한민족 정신 말살과 동시에 문화 개발을 막기 위한 식민지 우민화 교육 정책이었다.[5] 당시 일제가 표방한 "실천 방법을 '신문명인 일본이 구문명인 한국을 지도하는 교육'에 있다고 하여 '조선인의 일본화'라는 교육 방침을 공식 선언했다."[6] 그런데 일본화 교육은 교과 내용에서 뿐만 아니라 여러 교내 행사를 통해 한민족 정신 말살을 추진하였고, 일본 천황 생일에는 반드시 일장기를 들고 '천황 폐하 만세'까지 외치도록 하였다.[7]

이런 가운데 특별히, 민족계 사립 학교와 애국 계몽적 민족 교육 일체를 '비문명적 교육' 혹은 '야만적 교육'으로 매도하며 본격적인 탄압을 가하였다. 그 결과, 1908년 '사립 학교령'이란 것을 만들어 당시 5,000여 개의 사립 학교를 820여 개로 축소시켰는데, 이때 전체 사립 학교 중 기독교계 학교의 폐교 비율은 97%를 상회하게 된다.[8] 이 같은 학교 탄압은 한일합방 직후 당시 총독이던 데라우찌가 했던 다음과 같은 말을 통해 더욱 분명해진다.

사립 학교 가운데 … 독립을 고취하고 제국(일본)에의 반항을 장려하는 방법을 실시하는 것이 있다. … 만일 조선의 소년에게 그와 같은 사상을 양성했다면 그 어떠한 결과가 생길 것인가에 대해서 조선인은

---

5 이영헌, 『한국 기독교사』, 158.
6 한국기독교역사연구소, 『한국 기독교의 역사 I』, 328.
7 이영헌, 『한국 기독교사』, 160.
8 한국기독교역사연구소, 『한국 기독교의 역사 I』, 329.

스스로 깊은 반성을 하여야 할 것이다. 가령 독립을 부르짖고 그 결과 일본에 반항하기에 이르렀다고 가정하자. 그 결과 조선인은 과연 행복을 증진시켰다고 할 수 있을까. 일본은 실력으로써 이를 진압할 것이고 … 조선인은 이로 인하여 불이익을 얻을 뿐이다.[9]

이 같은 협박성 발언을 통해 일제는 만일 한국인이 철저한 일본화 교육에 따르지 않는다면, 무력적인 방법을 동원할 것이란 당시 총독의 폭력적 입장을 잘 대변해 준다. 1915년에는 사실상 기독교 교육의 전면 폐지를 강요하는 규정을 공포한다.

> … 제국의 학정(學正)에 있어서는 일찍부터 국민 교육은 종교와 분리하는 주의를 견지하기 때문에 관공립 학교는 물론 특히 법령으로 학과 과정을 규정한 학교에 있어서는 종교 교육을 실시하고 그 의식을 행하는 것을 불허한다.[10]

그 결과, 기독교계를 중심으로 해왔던 민족 교육의 길은 막히게 되고, 미션 학교에서조차 성경을 가르칠 수 없는 상황에 직면한다. 3·1운동 후 잠시 완화되는 듯했던 일제의 교육 정책은 1930년 들어 진행된 일본 군국주의와 신사 참배 강요를 기점으로 다시 그 본색을 드러낸다. 이 때 교육계, 그 중에서도 기독교계 학교는 더욱 가중되는 박해 앞에 무방

---

9   Ibid., 331-332.
10 이영헌, 『한국 기독교사』, 163. 그러자 3·1운동 직후, 서울에서 개최된 복음주의선교연합 공의회(Federal Council of Protestant Missions)에서 선교사들은 총독부를 상대로 일제의 기독교 교육 정책에 대해 항의하게 된다. "Education in Korea," KMF., Dec., 1919, 258, 한국기독교 역사연구소, 『한국 기독교의 역사 II』, 83에서 재인용.

비 상태로 그 맨몸을 드러내야 하는 처지가 된다.[11]

다음으로 일제가 우리 교회를 향해 벌였던 잔학한 탄압에 관해 살펴보면, 아무래도 그 절정은 신사 참배 강요에서 찾을 수 있다. 신사(神社)는 일본 왕실의 조상 또는 국가에 공로가 큰 사람을 신으로 모시는 다소 복잡한 사당이다. 이 같은 "신사는 그 존재 자체가 이미 신격화(神格化)된 신에 대한 숭배를 의미하는 것이며 기독교인이 볼 때 이는 명백한 우상 숭배였다."[12]

그런데 일제가 이 신사를 들여온 것은 1918년부터 였고 1925년 남산에 조선 신궁을 세운 후 전국으로 확대해 갔지만, 처음에는 우리 민족에게 요구하지 않았다.[13] 그러다가 1930년대 만주와 중국 침략을 강화하던 시기에 한국인의 일본화를 획책하면서부터 우리에게까지 그 우상의 어두운 그림자가 미치게 된다. 일제는 신사 참배를 국민의례로 가장하고 학교부터 시작했지만 곧 이어 교회까지 강요했던 것이다.[14] 따라서 우리 모든 기독교인에게 다음과 같은 질문에 답하도록 해서 신사 참배 불참자를 색출해 냈다.

첫째, 신사 참배가 국민 의식이냐 종교 의식이냐

둘째, 천조대신이 높으냐, 그리스도가 높으냐

셋째, 국가가 먼저냐, 종교가 먼저냐[15]

---

11 한국기독교역사연구소, 『한국 기독교의 역사 II』, 288-289.

12 이만열, 『한국 기독교사 특강』, 182.

13 이영헌, 『한국 기독교사』, 199.

14 Ibid., 199.

15 이만열, 『한국 기독교사 특강』, 189-190.

또한 당시 신사 행정에 관여했던 오야마의 다음과 같은 말을 통해 더욱 확실하게 그 위해성이 입증된다.

> 국체는, 즉 신황신앙(神皇信仰) 위에 서 있다. 고로 국민으로서 국가적 신도를 거부하는 것은 국체를 무시하는 것이요, 국민으로서 의무를 거부하는 것이라 단정하지 않을 수 없다. 국민으로서 수입교(기독교)를 믿는다는 이유로 국체신도를 받들지 않는 자가 있다고 한다면 그것은 분명히 반국민적이다.[16]

그러자 일부 미션계 학교와 미국 남장로교 해외 선교부 총무였던 풀턴(C. Darby Fulton) 목사를 중심으로 신사 참배 거부의 입장이 표명된다.[17] 이에 때를 맞춰 일제는 한국 내 반선교사 여론을 부추기면서 한국 교회와 선교사 간 유대 관계를 분열시켰고 이어 각 노회와 총회에 압력을 가하여 선교사의 활동을 배제시켰다.[18] 그 결과 한국 교회에서 선교사의 영향력은 완전히 배제된다. 그 후 일제는 한국 교회에 대한 통제를 더욱 강화하게 되고, 이에 굴복하는 친일적 기독교 지도자가 속출하면서 한국 기독교의 변질이라는 가장 치욕적인 역사는 이렇게 시작된다. 이쯤 되자, 교회마저 앞다투어 신사 참배에 동참하게 되는 것은 피할 수 없는 수순이었다.[19]

---

16 한국기독교역사연구소, 『한국 기독교의 역사 II』, 280.
17 이만열, 『한국 기독교사 특강』, 183. Fulton 목사는 1937년 전주에서 모인 선교사 회의에서 "신사 참배는 우상 숭배다"라는 '풀턴 성명'을 발표하기도 한다.
18 한국기독교역사연구소, 『한국 기독교의 역사 II』, 282.
19 한국 천주교와 감리교는 일찍이 1936년 굴복하였고, 마침내 한국 장로교마저 1938년 9월 9일 제27회 조선 예수교 장로교 총회에서 신사 참배 결정을 하기에 이른다. 한국기독교역

일제는 여기서 멈추지 않고 계속해서 "한국 기독교에서 민족주의적인 요소를 완전히 제거하고 제도적으로는 어용화된 일본 기독교의 지배하에 한국 기독교를 두고자" 하는 작업을 지속하게 된다.[20] 결국 한국 기독교는 초대 교회에 나타났던 공적 신앙의 전통은 사라지게 되고, 일부의 기독교인을 중심으로 신비주의와 내세 지향적인 사적 신앙에 치우치는 경향으로 흐르고 만다.

(2) 해방 후 교회의 분열

긴 어둠의 터널을 지나 광복의 새 아침과 함께 찾아온 자유의 기쁨을 누려야 할 교회는 그렇지 못했다. 오히려 교회는 싸우기 바빴다.

첫째, 일제가 우리 교회를 향해 벌인 가장 치명적인 신사 참배 강요에 원인이 있었다. 이에 굴복한 기독교 인사가 속출하면서 한국 기독교의 변질은 피할 수 없게 되었다. 당시 교회는 일제 때의 친일 행위와 신사 참배 여부를 놓고 서로 극하게 대립하는 것으로 날을 보냈다.[21]

사연구소, 『한국 기독교의 역사 II』, 299-301; 이만열, 『한국 기독교사 특강』, 184-187; 민경배, 『한국 기독교회사』, 509-514.

20 이만열, 『한국 기독교사 특강』, 191. 일제의 한국 교회 말살 정책은 교단의 강제 통합 작업으로 이어졌는데, 1944년 한국 내 모든 기독교 교단을 강제 통합시켜 '일본 기독교 조선 교단'을 결성케 하는 것으로 일본 제국주의에 의해 한국 기독교의 변질과 타락의 종지부를 찍고 만다. 191-193. 이에 관한 자세한 내용은 당시 한국에서 종교 관계 업무를 담당하던 총독부 학무국 사회교육과 직원(신포 조지)의 보고서를 참고할 수 있다. 신포 조지, "조선에서 기독교의 활동," 한국기독교역사연구소, 「한국 기독교와 역사」, 제4호, 321-335(특히 333).

21 이영헌은 이외에도 우리 민족의 고질적인 파벌 의식, 지역 감정, 개인적인 야망, 여기에 교회의 세속화, 타락, 은혜를 상실한 교역자의 무능과 게으름 등으로 교회 쟁탈전을 벌인 것이라고 주장한다. 이영헌, 『한국 기독교사』, 235, 285.

둘째, 자유주의(진보/혁신) 대 보수주의 신학의 대립에서도 교회는 분열해야 했다. 즉 보수 정통 신앙을 대표하는 신학자 박형룡과 혁신과 진보를 지향하는 김재준 간의 마찰 충돌은 불가피하게 교회를 분쟁의 도가니 속으로 몰아넣었다.[22]

셋째, 해방 후 한국 교회는 친일 혹은 부일 기독교 지도자를 척결하는 과제를 푸는 데 실패했다. 이것은 한국 교회 분열의 근본 원인이 되었다.[23] 따라서 당시 교회는 교권주의를 주장하는 사람들에게 다시 장악되었고, "이제 지배적 세력에 동조하는 교회로 변했고, 소수의 선각자들을 빼고는 불의한 체제에 제대로 저항하지도 못하는 상태가 되었다."[24] 그 결과로, 6·25전란 같은 민족 상쟁의 비극 속에서까지, 그 화마 한복판에서까지 서로 다투고 분열해야 했다.

해방을 맞은 한국 교회는 무엇보다도 먼저 스스로에 의한 교회 정화운동, 교회 회개운동이 절실하였다.[25] 신사 참배라는 굴욕상이 온 천지에 드러난 마당에 이제 개인적인 차원의 회개를 넘어, 이에 뒤따르는 사회적 책임과 의무까지 통감하려는 몸부림이 요구되었다. 그러나 우리 교회는 여기서의 실패를 기점으로 신앙적·신학적·교권적·이념적

---

22 이재정, "해방 후 한국 교회 분열과 에큐메니칼운동," 한국기독교역사연구소, 「한국 기독교와 역사」, 제4호, 57; 이영헌, 『한국 기독교사』, 285-286.
23 이상규, "해방 후 한국 교회의 민주화운동과 통일운동," 한국기독교역사연구소, 「한국 기독교의 역사」, 제4호, 69-71. 결국, 그는 "우리 민족이 친일파를 제거하지 못한 것이 민족정기를 바로 세우지 못했을 뿐만 아니라, 우리 사회 전반에 국민적 정의감의 상실, 기회주의적 보신주의 행태를 양산하는 결과를 가져왔다"고 했다(71).
24 민종기, 『한국 정치신학과 정치윤리』, 105.
25 이만열, 『한국 기독교사 특강』, 194.

대립과 분열이라는 또 하나의 반갑지 않은 터널과 마주하게 된다.[26]

① 장로교회의 분열

해방 후에 장로교 분열은 친일 또는 부일 인사 처리 문제 또 신사 참배가 죄냐 아니냐의 문제 그리고 보수와 진보 양 진영 간의 신학적 대립까지 더해진 데서 그 뿌리를 찾을 수 있다.[27] 특히, 신사 참배를 거부한 성도 중심으로 신앙의 순수성을 내세운 그룹과 일제에 의해 폐쇄 혹은 통합되었던 교회의 재건을 중심 과제로 삼은 그룹 간의 다툼이 결정적이었다.

전자는 경남 지방을 무대로 했던 고신(고려신학교)파였고, 후자는 서울의 근대주의 신학의 조신(조선신학교)파로서 이들 양 세력이 6·25 전쟁 두 달 전인 1950년 4월 21일 장로교 총회에서 충돌하고 만 것이다.[28] 결국 이들 간의 싸움은 서로 다른 지역을 기반으로 각각 지역 기득권의 갈등을 벌인 것이 분열의 요인이었다고 볼 수밖에 없다.[29]

그 결과 전쟁 중 부산에서 속개된 장로교 총회에서 양쪽은 각각 고신파와 예장파로 갈라서고 만다. 이때 단지 상대를 제압하기 위한 얄팍

---

26 각각 ① 신앙적 대립-신사 참배와 일제청산의 문제, ② 신학적 대립-자유주의와 보수주의의 문제, ③ 교권적 대립-교단의 조직과 지역성, ④ 이념적 대립-정치적 문제 등을 의미한다. 이재정, "해방 후 한국 교회 분열 …," 한국기독교역사연구소, 「한국 기독교와 역사」, 제4호, 55.

27 민경배는 장로교의 갈등이 해방 전, 대다수 기독교인이 분포되어 있는 서북 지방(보수)과 상대적으로 그 수가 작은 남한 교회 간의 지역적인 차이가 묘하게 보수와 진보 두 파의 차이로 나타났다고 한다. 따라서 분열의 징조가 1930년대에 두 가지, 곧 지역적·신학적으로 나타나기 시작했다는 것이다. 민경배, 『한국 기독교회사』, 493.

28 Ibid., 563.

29 이만열, "한국 교회사를 통해 본 분열과 연합의 변주곡," 「목회와 신학」 (1995년 3월호), 51.

한 목적으로 '용공(容共) 단체' 운운하는 막말까지 등장했던 것은 두고두고 부끄러운 일이다.[30] 그런가 하면, 전쟁 중이라는 중대 시점에 예장파 내에서 또 한 번의 분립이 이미 그 레드라인을 넘어서고 있었다. 다시 기장(기독교장로회)과 예장(예수교장로회)으로 분열한 것이다. 갈등의 시작은 안식일의 해석에 있었고, 이후 성경무오설과 유오설의 대립으로 결국 갈라선다.[31]

이것은 신앙의 내용 혹은 경건이라는 본질적인 문제 때문이 아니라, 단순한 신학 방법론의 문제 때문에 나눠진 경우다. 예수교장로회는 신학교 부지 매입 사건, WCC 탈퇴문제 그리고 총대 선정 문제 등으로 다시 1959년에 통합과 합동으로 분열한다.

② 감리교회의 분열

신사 참배 문제가 장로교에서 극한 대립과 분열의 불씨로 작동한 반면 신사 참배 순응 방침을 일찌감치 정한 감리교에서는 친일 행위 여부가 이슈의 시작이 되었다. 즉 일제하에 친일에 반대하며 서러움을 겪던 '부흥파'와 친일의 과거는 있으나 이후 교단 연합을 주장하던 '재건파' 간의 다툼이 그것이다.[32]

이들 간에는 교권을 잡아 쥐느냐 혹은 친일적인 과거로 인해 숙정의 대상이 되고 마느냐의 정치적 구도 싸움이 치열했다. 이로 인해 1946년 9월 갈라선 후, 평신도 지도자들이 나서서 양측의 타협을 시도하였지만

---

30 이영헌, 『한국 기독교사』, 238-241; 민경배, 『한국 기독교회사』, 563-564.
31 이영헌, 『한국 기독교사』, 242-251.
32 Ibid., 236-237. 감리교의 진정한 지도자들은 부흥파에 있었지만 이들은 해방을 맞은 후에도 섬기는 교회와 교권까지 빼앗긴 인사들이었기 때문에 다시 과거 친일적인 인물 밑에서 냉대받기를 원치 않았다.

1947년 11월 또 한 번의 분열을 거쳐 1949년 4월 통합을 이룬다.[33] 그러나 이후에도 교권을 둘러싼 분쟁은 그칠 줄 몰랐고, 그 결과 1955년 3월 또 다시 분열하고 만다.[34] 여기서 볼 수 있는 한국감리교회의 교권 쟁탈전은 이들의 생리가 권력 지향적이었다는 사실과 마주하게 된다.[35]

한국의 개신교를 대표하는 장로교와 감리교는 우선 스스로 앞장서서 짊어져야 했던 해방 조국의 치유와 회복 그리고 하나됨을 위한 커다란 사명과는 너무도 멀리 있었다. 그래서 그랬는지는 몰라도 아이러니하게도 한국 전쟁은 이처럼 두 교단의 분열기에 자리하고 있었다. 민경배는 다음과 같이 탄식한다.

> 하필 6·25전란과 같은 민족 상쟁의 참화 속에서, 그 융화를 소리 높이 외치고 온 몸을 내던져 그 적대의 손길들을 마주 잡게 해 주어야 했을 그 교회가, 그런 사역을 몸소 해내야 했을 그 교회가, 왜 하필 그 전란 한 복판에서 서로 싸우고 깨지고 분열하였던가. 그 참담한 골육의 전화(戰火) 속에서 우리 겨레들은 교회를 향해 눈 망을 돌리고 손길 뻗어, 교회가 수행할 수 있는 엄청난 사역을 학수고대하기를 비원(悲願)으로 하고 있었을 때가 아닌가.[36]

---

33 Ibid., 236-238.
34 민경배, 『한국 기독교회사』, 566.
35 이상규, "해방 후 한국 교회의 민주화운동과 통일운동," 71.
36 민경배, 『한국 기독교회사』, 567.

2) 부와 번영의 신학과 개교회주의

한국 교회는 일제하에서의 교육과 교회 탄압 그리고 6·25 전쟁의 고통을 겪는 동안 어느새 자신도 모르게 현실로부터 도망코자 하는 습성을 키워왔다. 그런데 핍박 시대에 축적된 이같은 습성, 즉 사적·미시적 세계관에서 벗어나지 못한 채, 1970년대 이래 양적으로 더 커지는 것만을 유일한 목표로 삼다보니 복음의 본질이 변질되고 영성이 병드는 형국에까지 이르게 된 것이다.[37] 이것은 한국 교회가 물질적 축복 지향적 신앙과 교회의 양적 성장 추구 성향이 지나칠 정도로 강하다는 사실과 맞닿아 있다.

> 부요를 향한 인간의 욕망을 신앙이란 이름으로 정당화시켜 주고, 부는 신앙적 삶으로부터 오는 축복의 결과로 강조함으로써 현실 안주적 성향의 기독교로 변모되어 갔다는 점이다.[38]

이 경우 사람의 욕망은 기본적인 필요 충족에 만족하지 않고, 그 이상의 욕심으로 발전하게 되는데, 이때 교회는 그 욕심까지 정당화시켜 주는 큰 잘못을 범하게 된다.

또 다른 관점에서 보면, 앞에서 살펴본 철저한 회개가 없었던 한국 교회의 부끄러운 역사와도 연결된다. 일제하의 우상으로부터, 또 이후

---

37 이학준, 『한국 교회, 패러다임을 바꿔야 산다』, 69-70. 필자는 여기서, 반공과 경제 성장을 국가 지표로 삼았던 박정희 정권에 편승해 이를 비판 없이 지지했던 교회 지도자들이 바로 이 성장지상주의 논리를 교회 안까지 들여와서 부와 번영의 신학과 함께 물질 숭배까지 더욱 부축인 측면은 부정할 수 없는 일이라 생각한다.

38 이상규, "해방 후 한국 교회의 민주화운동과 통일운동," 78.

교권과 이념을 절대시했던 잘못으로부터 철저하게 단절되지 못했던 점에 주목하는 것이다. 그 이유는 한 우상으로부터 철저한 단절이 없었던 한국 기독교는 이후 색깔만 바꿔가며 다가오는 유사한 것에게서도 자신을 지켜내지 못했기 때문이다.

지금에는 자본주의적인 '물신주의'로부터 단절과 해방을 이루지 못하고, 오히려 그 앞에 무릎 꿇고 있다.[39] 돈 잔치에 교회가 미혹되어 금송아지 앞에서 평안을 갈망하는 모습니다. 여기에 부와 번영의 신학까지 덧붙여져 교회의 타락을 부추기고 있다. 이쯤 되고 보니, 사역마저 숫자상의 확장을 위한 목회 공학이 대세를 이룬다. 그래서 한국 교회가 하나님은 부르고 있지만 실제는 바알을 섬기고 있다는 비판을 마냥 외면할 수는 없는 형편이다.

지금의 한국 교회는 물질 만능 주의와 성장 지상 주의가 깊숙이 침투해 들어와 이것이 우상이 되어 우리의 교회를 변질시켰다. 현세의 축복이 목적이 되었고 하나님은 이를 이루기 위한 수단이 되어 버렸다. 지금 당장 풍요에 도움이 되면 그것이 하나님의 뜻이고, 그 반대이면 부인하고 마는 것이다. 교회가 하나님이 아닌 우상을 더 사랑하고 좇는 것을 보고 이게 사실인지 의심하게 된다. 그런데 이것은 목회자의 왜곡되고 편협한 신학과 안목의 한계와 무관하지 않다.[40]

이렇게 지난 40년간 한국 교회를 지배해 온 물질 만능과 성장 지상의 신앙은 신자유주의 경제 질서의 경쟁 논리에 맞물려 사회 양극화뿐만 아니라 교회 양극화, 즉 교인 수와 교회 재정의 양극화를 초래하

---

39 이만열, "해방 50년, 한국 교회사를 어떻게 볼 것인가," 9-10.
40 이학준, 『한국 교회, 패러다임을 바꿔야 산다』, 41. 일각에서는 한국 교회 강단 설교가 이미 기복주의로 왜곡되었다고 진단한다.

였다.[41] 결국 각 교회는 물적·양적 성장이나 생존을 교회 존립의 궁극적인 목적으로 삼는 개교회주의에 탐닉하였다.

그 결과 교회에게 맡겨진 본질적인 사명보다는 개교회의 양적 성장 내지 최소한의 생존에만 집중하게 되는 모순에 빠지게 된 것이다. 교회가 사기업과도 흡사한 모습을 가진 것이다. 동시에 개교회주의 안에는 교인의 신앙 열정과 하나님 나라까지 개교회 안으로 축소 혹은 제한해 버릴 위험성이 있다.[42] 따라서 개교회주의는 신자가 일하는 다양한 생업 현장과 지역 사회 그리고 사회적 보호와 구원이 필요한 계층과 연결은커녕 오히려 스스로 소외를 초래한다. 그 결과 우리 사회의 공적 영역에서 교회의 책임 있는 참여 동력은 기대하기 어렵게 되었다.

3) 이분법적인 사고와 이성 경시 태도

한국 기독교가 이룬 외적 성장을 내적 성숙이 따라가지 못한다는 지적이 많다. 신앙 따로, 생활 따로의 이중적인 태도 때문인 듯하다. 이것은 마우가 경험한 대로 세상을 "영적인"(spiritual) 것과 "세속적인"(worldly) 것으로 분리하여 세속적으로 보이는 것이면 모두 정죄해야 하는 이분법적인 태도에 원인이 있다.[43]

유일한 하나님 안에서 세상을 임의로 재단하거나 나누는 것은 오만

---

41 김명배, "일제하 기독교 경제운동에 관한 공공신학적 성찰과 한국 교회의 과제,"「기독교 사회윤리」제23집 (2012), 150.

42 이학준,『한국 교회, 패러다임을 바꿔야 산다』, 79-80.

43 Richard Mouw,『문화와 일반 은총』, 15. 그는 개혁주의 신학을 접하고는 이분법적인 경건주의를 버리게 되었다고 한다. 그러나 거룩하게 살도록 부르심을 받았다는 기본 원칙은 지지한다.

이다. 또 예수를 주님으로 고백한다면 삶의 특정 영역을 세속적인 것, 즉 하나님이 없는 곳이라 하여 버리거나 저주하는 것은 도리가 아니다.[44] 세상의 다양한 영역은 '교회 밖'이란 개념 안에 넣고 포기할 것이 아니라, '교회를 통해' 이루어 가야 할 하나님 나라의 영역이다.

그래서 하나님의 선교는 교회 울타리를 기준으로 나눠서 울타리 안으로만 제한할 수 없는데, 이는 인간과 인간 사회의 모든 영역이 하나님의 선교 대상이기 때문이며, 따라서 "성과 속을 구분하는 잘못된 이원론은 들어설 자리가 없다."[45] 결국 이분법적 신앙은 하나님의 창조와 하나님의 주권을 이해하지 못하는 중대한 신학적 오류에서 시작된다.

한국 교회는 일제 강점기와 한국 전쟁의 수난을 겪으면서 내세주의와 종말지향적 신앙관이 확산되었다. 이런 역사적 경험을 겪으면서 강화된 신앙관으로 인해 영과 육, 현세와 내세, 교회와 세상이라는 이분법적 도식에 빠져들게 되었다. 그 결과 교회 밖의 세상은 마치 사탄이 지배하는 왕국쯤으로 여겨 적대시해야 하는 것으로 생각한다. 그런데 이같은 신앙관은 교회가 핍박받는 소수인 상황에서는 효과가 있었지만, 지금처럼 막대한 인적·물적 자원을 갖고, 사회의 지도적 역할을 감당하며 또 사회적 책임까지 크게 요구받는 시대에는 적합하지 못하다.[46]

결과적으로, 이원론적 신앙관은 교회가 하나님 나라의 종말론적인 실현을 이 땅 위에서 감당하지 못하게 만들 위험이 있다.[47] 선교와 사회

44　Michael Frost and Alan Hirsch, 『세상을 바꾸는 작은 예수들』(ReJesus: A Wild Messiah for a Missional Church), 홍병룡 역 (서울: 포이에마, 2009), 207.

45　Michael Frost and Alan Hirsch, 『세상을 바꾸는 작은 예수들』, 208. 여기서 Bob Roberts의 "하나님의 나라가 모든 영역(종교, 과학, 정치, 예술, 경제, 교육, 농업, 안보, 가정)까지 확장된다"는 주장이 인용된다.

46　이학준, 『한국 교회, 패러다임을 바꿔야 산다』, 85-86.

47　안명준, "한국 교회의 신학적 문제점," 안명준 외, 『한국 교회의 문제점과 극복방안』(서울:

적 책임은 서로 분리될 수 없다. 따라서 경건주의적인 기본 원칙은 지지하되, 세상에서 도피나 단절이 아닌, 신뢰를 얻어 복음 전파의 기회를 얻는 방향이어야 한다. 그래서 이분법적인 사고의 극복은 곧 복음의 실천을 통한 사회적 책임 감당과 직결된다.

그런데 한국 교회에 있어서 이원론적 사고는 이성을 경시하는 태도와 무관하지 않다. 즉 신앙과 이성을 서로 반대되는 개념으로 이해해서 이 둘을 날카롭게 구분해야 한다고 믿는다. 신앙은 성령의 선물로 하나님께서 주신 것인 반면, 이성은 접어야 할 것으로 생각하는 것이다.

그렇지만 실은 이성은 인간이 짐승과 구분되어지는 중요한 능력으로 하나님께서 인간을 만드실 때 창조를 통해서 주신 선물이다.[48] 따라서 신앙은 이성보다 우선하지만 서로 상반되지 않기에 조화가 필요하다.

나아가 신앙과 이성이 바르게 사용될 때 우리 교회는 영적 분별력과 함께 윤리적 판단력도 보유하게 된다. 이를 통해 그렇게도 어렵게 여겨지던 교회 안에서의 소통과 합의 창출 그리고 이 경험을 통해 공적 영역에서 공동선 추구의 가능성과도 마주하게 된다. 그러나 지금 같은 상황이라면 한국 교회에 자기 성찰을 통한 성숙과 사회적 책임 감당의 길은 남의 일이 될 뿐이고, 오히려 계속 이단을 출현시키는 토대만 될 뿐이다.[49]

이컴비즈넷, 2006), 19. 또 한국 교회가 성경에 충실하지 못한 예는 영육 이원론에 따른 성속 이원론적 사고가 성도의 삶 속에 고착된 것이다. 이승구, 『기독교 세계관으로 바라보는 21세기 한국 사회와 교회』(서울: SFC출판부, 2005), 289-290.

[48] 이학준, 『다리를 놓는 사람들』(경기: 두레미디어, 2006), 32. 이학준은 이성이 죄로 인해 병들었지만 이것이 이성 자체를 부인하는 것이 되어서는 안 된다며, 하나님이 주신 이성이 높은 차원으로 올라가다 보면 거기서 하나님의 존재를 부인할 수 없는 자리에 이르게 된다고 한다.

[49] 이학준, 『한국 교회, 패러다임을 바꿔야 산다』, 92. 이학준은 한국 교회의 이성 경시는 전통

4) 산업화와 민주화 과정에서 역할과 균형 상실

해방 후 한국 교회는 산업화에 따르는 인권 탄압과 소외 계층 확대나 민주화 과정에서 요구되었던 역할과 균형을 상실한 측면이 있다. 또한 한국의 권력이나 정권의 지형이 친일적 기회주의 경향, 반민주적 권력 지향 그리고 반통일적 냉전 논리로 흐를 때, 교회는 교단과 교파에 따라 서로 다른 반응을 보였다. 심지어 교회 간에 싸우기까지 해서 대사회적 책임에 대한 수행보다는 스스로 불신을 초래하기도 하였다.

먼저, 해방 이후 맞게 된 분단 상황은 한국 사회뿐만 아니라 교회에까지 분열과 대립을 안겨 주었다. 특히 6·25를 거치면서 교회는 이승만 정권에 맹목적인 지지를 보내는 윤리적 단순성을 드러낸다. 그 이유는 이승만 정부가 기독교 정권이라는 주장에 있었다.[50] 그러나 이승만 자유당 정권의 정치 이념이나 정책은 기독교 정권이라고 하기에는 너무도 미흡한 면이 많았다. 그럼에도 불구하고 한국의 보수 교회는 이승만 대통령을 모세로 받들며 무비판적으로 옹호하다가 1960년 4·19로 정권이 무너지자 회개 성명서 하나 없이 이제는 실정을 맹공하는 기회주의를 보였다.[51] 그때 한국의 교회는 자주성을 상실하고 판단 부재의 과

적인 종교성과 연관되어 있고, 또 영적이고 초월적인 것이 종종 비상식/몰이성과 혼동되어 이성의 바른 사용을 통한 냉철한 신학적 판단을 가로막는 데 기인한다고 보았다. 이런 경향 때문에 한국 교회 안에 이단이 많이 출현한다고 논증한다(참고로, 필자의 어린 시절에 필자의 가족도 한때 이런 이단의 피해자였음을 밝힌다. 90-93). 그리고 이학준은 한국 교회가 외적 크기에 비해 내적으로 성숙하지 못한 이유는 자기 성찰과 소통을 억압한 데 있다며, 이성을 신앙의 걸림돌로 생각했기에 참된 순종은 비판적 사고를 배제해야 하고, 또 교회 내의 민주적 대화는 교회의 단합을 해치는 것으로 여겨온 데 원인이 있다고 말한다. 그 결과 지금 많은 한국 교회가 자기 성찰과 소통의 능력을 상실하게 되었다고 진단한다(95).

50 이만열, 『한국 기독교와 역사의식』(서울: 지식산업사, 1981), 120-121.
51 민종기, 『한국 정치신학과 정치윤리』, 105. 또한 이승만 정권의 권력의 축을 형성했던 다수

실을 범하고 말았다.

이후 1961년 5·16 군사 쿠데타로 박정희 정권이 등장할 때도 교회의 반응은 여전히 권력지향적 성향을 드러내고 있었다. 쿠데타 후, 10일 만에 '한국교회협의회'는 박정희 장군을 비롯한 쿠데타 세력을 지지하는 성명을 발표한다.

> 쿠데타는 부정과 부패뿐만 아니라 공산주의 침략으로부터 국가를 건지기 위한 불가피한 조치였으며 한국민은 군사 정부에 협조해야 한다는 내용이었다.[52]

이 시점에 군사 정권은 한국 교계를 교묘하게 분열시키고 있었는데, 그 근거는 일제에 의해 악용된 정교분리 논리였다. 이 정교분리는 이후에도 계속 "만고불변의 진리처럼 굳어져 독재 정치를 합리화하거나 교회의 보신주의적 태도를 변명하는 군색한 논리로 퇴색한 것"이다.[53] 즉 보수 지도자들은 이 논리의 명분 아래 당시 권력의 반민주적 속성과 또 다수 기층 서민의 심각한 인권과 정의의 문제를 정치에 관련된다는 이유로 외면하게 된다. 그렇지만 이들 지도자 중에 일부 목사들은 1969년 삼선개헌을 하자 "박 대통령의 용단을 환영"한다며 독재 정권의 충실한

의 기독교지도자들은 1960년 실시된 부정 선거에 앞장서기도 했다. 이만열, 『한국 기독교와 역사의식』, 119.

52 이상규, "해방 후 한국 교회의 민주화운동과 통일운동," 75. 당시 「기독공보」 1961년 5월 29일자는 "우리는 자유를 희생하더라도 방종한 무리들이 숙정되는 것을 보고 싶다"고 했고, "우리는 권위 있는 정부 밑에 있게 되어 행복하다"고 아첨했다.

53 차정식, 『예수, 한국 사회에 답하다』, 17. 정교분리는 정치와 종교의 분리라기보다는 정부와 교회의 역할의 구분이자 분리이다.

정신적 우군으로 나서고 또 비윤리적인 위정자를 위해 축복하는 모습도 보였다.[54] 이로써 자신들은 이미 정교분리에서 이탈해서 다분히 정치적임을 스스로 보여 주었다.

60-70년대 산업화 과정에서 겪어야만 했던 암울한 역사는 79년 10·26과 함께 마감되는 듯했다. 그렇지만 다시 정치 군인이 쿠데타를 통해 권력을 장악하였다. 이 과정에서 "광주 학살"이란 비극을 벌여 당시 수립된 정권은 합법성, 정통성 그리고 도덕성을 확보하는 일까지 모두 실패한 정권으로 자리매김하게 된다. 그러나 이 시기에도 한국 교계 지도자들은 균형을 상실하는 잘못을 범하였다. 당시에는 권력의 그늘 아래 안식을 얻고자 하는 부류가 보수와 진보를 망라하였다.

1980년 8월 6일 서울 롯데호텔에서 열린 전두환 상임 위원장을 위한 조찬 기도회에 한국 교회 대표 20여 명이 참석한 것이다.

> 한국 교회를 대표하는 인사들에 의해 주도된 이 기도회는 거듭 거듭 방송되었고 전두환 군부에 대한 한국 기독교의 지지 의미로 호도되었다.[55]

이후에 진행된 민주화 과정에서도 교회는 한국의 고질적인 지역주

---

54 민종기, 『한국 정치신학과 정치윤리』, 105-106. 1969년 7월 25일 3선 개헌 발표 후, 9월 5일에는 242명의 보수 인사가 '대한기독교연합회' 대표(박형룡, 김준곤, 김윤찬, 김장환, 조용기 등)명의로 '개헌에 대한 우리의 소신'이라는 성명서를 발표하고 3선 개헌을 지지한다. 이상규, "해방 후 한국 교회의 민주화운동과 통일운동," 81.
55 이상규, "해방 후 한국 교회의 민주화운동과 통일운동," 84. 이 기도회에 비교적 진보적 인사라 할 수 있는 조향록, 정진경, 강신명, 김지길 목사 등이 순서를 담당했고, 한경직 목사가 설교하였다.

의 앞에 여지없이 균형을 상실한 모습을 보였다. 이 같은 결과로, 지금 한국 사회 속에서 교회의 사회적 신뢰도와 함께 그 영향력은 추락의 시대를 겪고 있다.

2. 공적 영성의 회복을 위한 대안 모색

지금 한국 교회는 위기를 맞고 있다. 초기 한국 기독교에서 쉽게 볼 수 있었던 사회적 신뢰는 바닥을 드러내었다. 우선 이 현상을 한국 교회의 신학적 빈곤으로 보는가 하면 또 하나는 한국 교회 스스로 이미 승리의 마침표를 찍었다고 보는 위선의 결과물로 보기도 한다. 그런데 이러한 교회의 위선이 거짓된 복음을 만들어 내기 때문에 이러한 위선에 대한 '윤리적 자각'과 교회의 '개혁'이 필요하다.[56] 이학준은 근본적으로 한국 교회의 신앙의 패러다임을 재구성해야 한다고 주장한다.

이제 대안을 찾는 탐구를 위해 먼저 필요한 기본적인 신학적 과제를 살펴본다. 우선, 월리스는 "신앙의 고백에서 신앙의 실천으로 초점을 옮기는 것"[57]을 촉구한다. 무엇보다도 한국 교회가 행동의 종교가 되어야 한다는 것이다. 정통 신앙은 정통 행위로 이어져야 한다는 말이다. 또한 교회는 거룩한 행동에 대한 이해를 갖고, 행동하는 그 곳에서 하나님을 찾는 능력과 성향을 회복해야 하고 또 거기서 다른 사람들도 하나님을 찾을 수 있도록 해야 한다.[58]

---

56 유경동, 『영성과 기독교 윤리』, 9.
57 Jim Wallis, 『하나님 편에 서라』, 42.
58 Michael Frost and Alan Hirsch, 『새로운 교회가 온다』(The Shaping of Things to Come), 지성근 역

따라서 한국 교회의 시급한 과제로는 복음을 교회 안으로만 축소해서 전할 것이 아니라, 온 세상을 위한 복음임을 보여 줄 수 있어야 한다. 스택하우스가 현대 가톨릭 신학의 흐름을 두고 제시한 견해다.

> 신앙은 신앙인의 모든 활동과 관련하여 그들에게 메시지를 전할 뿐만 아니라, 교회 안에 있지 않는 사람과 시민 사회의 소위 '세속적' 제도를 향해서도 메시지를 전해야 한다.[59]

지금부터 한국 교회가 잃어버린 공적 영성의 회복을 위한 대안 마련을 위해 목회자의 공공신학적 관점의 제고와 평신도 교육 사역과 공적 영성이란 관점에서 살펴보도록 한다.

1) 목회자의 공공신학적 관점의 제고

한국 교회 목회자들은 과거에 장점으로 작용했던 개인 신앙의 단순성, 경건성, 헌신만 가지고는 현 위기를 극복해서 교회의 사회적 책무와 사명 감당의 길로 가기 어렵다는 사실부터 인정해야 한다. 이제는 종합적인 신학적 점검을 통한 신앙 패러다임의 갱신이 절대적으로 요구되며, 이는 기독교 신앙의 근본 진리를 변화된 삶의 현장과 연결시켜 주는 일이고 말씀의 진리가 우리의 시대적 상황 속에 다시 성육신하도록 하

(서울: IVP, 2009), 248. 우리 자신의 행동이 곧 우리 메시지이며, 우리의 삶과 실존 자체가 의사소통이 된다고 서술한다. 281.

59 Max L. Stackhouse, "공공신학이란 무엇인가?," 25.

는 작업이다.[60]

이 같은 변화를 위해 목회자가 지속적으로 예리한 신학적 사고와 깊은 자기 성찰을 통해 자신의 목회 현장뿐만 아니라 교회 밖 '세상'을 바라보는 관점의 전환이 필요하다. 여기서 목회자가 지녀야 할 비판적인 신학적 사고 능력이 중요하다.

> 실제로 기독교 역사상 모든 새로운 신앙 패러다임은 항상 기존의 전통과 관성에 대해 비판하고 의심하는 신학적 사고방식으로부터 촉발되었다.[61]

특히 목회자에게 공적 영성의 회복이 절실하다. 내 가정과 교회를 넘어 이웃을 향한 사랑의 실천과 공적 영역을 향한 새로운 이해와 태도의 변화가 시급하다. 한국의 많은 목회자에게 공적 영역은 관심 밖 즉 사역 밖의 영역이라는 인식이 강하다. 여기서 위기가 시작되었다.

> 세상의 공적 영역은 단지 교회 밖의 영역이 아니라, 교회를 통해서 실현되어야 할 하나님 나라의 영역이다.[62]

그렇기에 공적 영역의 활동은 극히 성경적(마 5:13-16)이며, 선교적 사명(마 28:19-20)을 감당하는 책임이다.

---

60 이학준, 『ST 747 한국 교회를 위한 영성과 윤리』, 1-4.
61 Ibid., 26.
62 한국일, "복음전도와 교회의 공적책임," 이형기 외, 『공적 신학과 공적 교회』, 171.

교회의 사역에서 전도와 사회적 책임이 서로 분리된 잘못된 이분법적 신학과 선교 패러다임은 시급히 극복되어야 한다. 공공 영역에서의 복음의 실천을 통한 사회적 신뢰가 없는 복음 전파는 불가능하다.[63]

(1) 칭의와 성화 바르게 이해하기

목회자의 칭의론에 대한 오해와 과도한 적용이 복음의 본질을 흐리고 성도의 성화된 삶을 가로막게 된다. 일례로 "오직 믿음으로만 의인이 되는 것이고, 그래서 이미 믿음으로 구원까지 받았으니, 이제는 안심하고, 장차 천국에 들어가 영생을 누릴 소망에 들뜨라"는 식의 메시지를 많이 듣는다.

그렇다면 이단으로 정죄된 '구원파' 칭의론과 무엇이 다른가?

이것을 보완하기 위해 '예정론'과 '성도의 견인론' 등으로 뒷받침하려 하지만, 더욱 윤리와 분리되어가는 신앙은 교회 안과 밖 어디에서나 큰 걱정거리가 되고 있다. 고먼은 이 믿음에 관해 말한다.

> 바울은 "믿음으로 의롭다 함을 받는다(이신칭의)"를 주창하고 이것이 그리스도와 하나가 되는 첫걸음이라고 이해하지만(아울러 이 두 가지를 논하고 있지만) 신자들이 믿음을 견지하는 것을 중단하길 원하지 않는다.[64]

---

63 Ibid., 171. "기독교적 가치관에 입각한 연구 기관, 사회단체 그리고 특수 목회 조직에 의해 개발된 강의, 제자화운동, 소그룹 모임, 문서 선교 및 기타 훈련 과정을 통해 정치 선교의 메시지가 조직화, 장기화될 필요가 있다." 민종기, 『한국 정치신학과 정치윤리』, 172.

64 Michael J. Gorman, 『삶으로 담아내는 십자가』, 167.

그러면서 우리의 믿음이 '과연 무엇이 진짜 믿음'인지 말하기 위해 샘 윌리엄즈(Sam K. Williams)의 말을 인용한다.

> 그리스도인의 믿음은 그리스도의 믿음이다. … 그리스도가 행동으로 보여 주신 삶의 태도다. 이 삶의 태도는, 그리스도께서 이 태도로 살다 죽으셨기 때문에 이제는 그리스도 안에서 살아가는 모든 개인의 실존을 규정한다.[65]

따라서 성경은 '믿음'을 갖고 하나님과 단절됐던 관계가 회복됐다는 사실을 말하기 위해 칭의, 화해, 성화, 입양 등 다양한 그림 언어를 동원해 설명한다. 그런데 여기서 유독 칭의 교리를 오로지 법정적 의미로만 설명하고 관계적 의미는 고려하지 않은 가운데, 칭의 교리를 구조적으로 성화와 분리까지 하도록 가르친 것이 문제의 원인이었다.[66] 그 결과 한국 교회 안에 칭의만 풍성하고 성화는 자취를 감춰 계속 '값싼 은혜'만을 강조해야 하는 악순환에 빠지게 된다.

김세윤은 "전통 신학의 구원의 서정에서 '성화'는 칭의의 현재 단계

---

65 Sam K. Williams, "Again Pistis Christou," *Catholic Biblical Quarterly* 49(1987), 446, Michael J. Gorman, 『삶으로 담아내는 십자가』, 176에서 재인용. Gorman은 '그리스도의 믿음'을 네 가지로 요약한다: ① 율법이나 율법을 행함이 아니라 그리스도의 믿음이 의롭다 함을 얻게 하는 근거이자 방편이며 의의 근거이자 방편이다. ② 그리스도의 믿음은 그의 죽음, 곧 하나님께 순종하고 자신을 내어주기까지 인류를 사랑하시는 그의 행위에서 극명하게 드러난다. ③ 그리스도의 믿음 또는 신실하심은 하나님의 신실하심을 극명하게 보여 주는 것이다. ④ 그리스도의 믿음은 의롭다 하심을 얻길 소망하는 사람이 공유해야 하는 것이다 (201).

66 김세윤, 『칭의와 성화』(서울: 두란노, 2013), 81. 이어 그는 "이것이 대다수 한국 목사들이 가르치는 왜곡된 칭의론, 성화와 분리된 칭의론, 의로운 삶을 낳기는커녕 도리어 방해하는 칭의론입니다. 이것이 전통적인 신학의 '구원의 서정'의 틀의 한계입니다"라고 했다.

에 대해 이름을 잘못 붙인 것"⁶⁷이라 한다. 이 같은 주장은 칭의라는 교리가 과거에 이미 선취된 구원과 심판 때 완성될 미래의 구원에만 해당되는 것이 아니라, 그리스도의 사람으로 살아야 할 현재에도 적용되는 범주라는 의미다. 이 과정에서 회개를 통해 이기적 · 사적 삶에서 돌이켜 성화된 삶을 시작하는 것을 달리 표현한 것이 곧 공적 영성이 된다.⁶⁸

따라서 이 같은 이해를 전제할 때, 칭의 교리는 신자의 구원의 모든 단계를 다 포함하고 있는 것이지, 결코 현재의 삶이나 윤리와 분리되지 않는다.

> 의롭다 하심을 받음, 의 그리고 이와 연관된 말은 언약과 관련하여 하나님과 이웃에게 신실함을 보이고 마지막 때에 하나님에게 인정 받음을 일컫는 것이다.⁶⁹

따라서 칭의론에 대한 올바른 이해는 과거에 경험했던 구원을 믿음을 가지고 계속 하나님과 이웃과의 올바른 관계 속에 서서, '언제나 그리스도의 사람'으로 살아 장차 맞이할 마지막 심판의 날에 비로소 칭의의 완성을 맞게 된다는 것이다. 결국, "칭의와 성화"는 '두 단계'가 아닌 '한 단계'의 같은 의미로서 굳이 구분하면 "칭의의 현재 단계"가 곧 '성

---

67 Ibid., 177.
68 이학준, 『ST 747 한국 교회를 위한 영성과 윤리』, 9.
69 Michael J. Gorman, 『삶으로 담아내는 십자가』, 228. 그는 구체적으로 설명했는데, "의롭다 하심을 얻었다는 것은 ① 하나님과 맺은 올바른 관계(언약), ② 이 관계로 말미암아 타인과 맺게 된 올바른(더 나아가 "경건한") 관계(덕), ③ 하나님과 맺은 올바른 관계로 말미암아 마지막 심판 날에 무죄 선고를 받게 되는 것(의롭다는 변호를 받음)이라고 말할 수 있겠다."

화'라는 이해가 요구된다.[70]

(2) 하나님 나라에 대한 폭넓은 해석과 적용

한국 교회는 오랫동안 한 개인이 주님을 영접하고 회개해서 구원받는 교리를 강조해 왔다. 구원은 결코 집단적으로 이뤄지는 것이 아니라는 점을 말하기 위해 더욱 그랬다. 그래서 개인이 직접 하나님 앞에 나가 구원받는 교리를 강조한 반면, 개인의 동반자라 할 공동체와의 관계 그리고 그들을 향해 가져야 할 책임에 관해서는 소홀하게 되었다. 그 결과, 하나님 나라에 대한 이해도 한 개인 또는 개교회에게 임하는 사적인 나라(나, 우리 교회를 위한 나라)에만 익숙했지, 이웃과 공동체 그리고 이 세상 가운데 이뤄지는 공적인 하나님 나라에 관해서는 별 관심을 갖지 못했다.

이렇다 보니 교인의 신앙이란 개인과 개교회 교인의 영혼 구원을 바라는 선을 넘지 못한다. 이제 목회자부터 단순히 개인과 개교회에 임하는 하나님 나라의 선을 넘어서야 한다. 그 이유는 목회자로 부름받아 담당하는 사역의 궁극적인 목표는 개인과 개교회에 머무는 것이 아니라, 하나님 나라까지 바라보며 나가는 것이기 때문이다.

우리가 예수님의 하나님 나라 선포가 그저 신자들만을 위한 것이 아

---

70 '칭의의 현 단계,' 곧 '성화의 단계'를 사는 모습을 Mouw는 "그리스도인의 교양"이란 말로 표현하며 두 가지 기본 원리를 설정한다. **첫째**, 그리스도인이라면 하나님의 크신 섭리 가운데 신자 자신이 살고 있는 일반 사회의 행복을 위해서도 헌신해야 한다. **둘째**, 성도의 성화된 삶은 그 삶의 현장 가운데 구체적인 태도와 행동으로 살아내서 결국 신자로서 건강한 사회를 만드는 데 기여해야 한다. 성경 근거는 벧전 2:11-17이다. Richard Mouw, 『문화와 일반 은총』, 117.

니라 온 세상을 위한 것임을 보여 줄 수 있다면, 사람들을 복음으로 돌아오게 할 수 있다고 믿는다. 그분은 세상을 바꿀 뿐 아니라 그와 더불어 우리 모두를 바꾸기 위해 오셨다.[71]

이 같은 주장은 예수님의 하나님 나라 선포가 그저 나와 내 교회만을 위한 것이 아니라, 온 세상의 모든 사람을 위한 것이란 분명한 복음으로의 변화를 촉구한 것이다.

또한 나와 우리의 상처 치유와 행복 그리고 구원이 중요한 만큼 이 세상 모든 사람도 같이 중요함을 내포하고 있다. 루터가 이런 믿음의 소유자에 대해 말한다.

> 믿음의 사람은 그런 은혜를 보여 주신 하나님을 사랑하고 그 하나님께 영광을 돌리고자, 자기 의지로 기꺼이 모든 이에게 선을 행하려 하고, 모든 이를 섬기려 하며, 온갖 고난을 겪으려 하지, 억지로 떼밀려 하는 법이 없다.[72]

결과적으로 믿음의 사람이 이 세상 앞에 이같이 공적인 헌신을 하게 되는 이유는 하나님 나라의 복음의 목적이 개인뿐만 아니라 이웃과 세상을 변혁시키는 데 있기 때문이다(마 4:23; 9:35; 24:14).

71　Jim Wallis, 『하나님 편에 서라』, 44.

72　Martin Luther, "Preface to the Epistle of St. Paul to the Romans," in John Dillenberger, ed., *Martin Luther: Selections from His Writings* (Garden City, NY: Doubleday, 1961), 23-24. 이어 Luther는 믿음과 행위를 분리하는 것은 있을 수 없는 일이라고 하며, 이것은 마치 불에서 열과 빛을 분리하는 것과 같이 불가능하다고 하였다.

이 복음은 … 하나님의 형상으로 지음받은 모든 사람의 가치와 평등을 추구하고 … 주위 사람과 전 세계 사람을 자신의 이웃으로 재정의하게 하고, 심지어 자신의 원수를 대하는 방식까지 바꾸어 놓는다.[73]

이것은 하나님 나라는 세상 모든 영역이 하나님의 주권적 통치 아래 있다는 사실에 기초하게 된다.

하나님 나라를 위한 우리의 참여는 그의 통치가 정치, 경제, 사회, 문화, 예술, 학교와 직장, 그리고 가정과 시장에 임하도록 해야 한다.[74]

즉 하나님의 통치가 우리 이웃과의 관계의 깊숙한 곳까지 스며들도록 해야 한다. 이렇게 하려면, 교회 밖에 존재하는 세상의 모든 영역을 향해서도 하나님 나라를 선포해야 한다. 그러나 지금 한국 교회는 자신의 교회, 즉 좁은 의미의 개인 전도나 해외 선교에만 국한하고 있다. 온 세상에 임하는 하나님 나라를 품는 방향이어야 한다. 예수님과 이후 제자들의 사역이 당시 한 개인 개인이 하나님의 사람으로 살아내기를 바랐지만, 더 근본적으로 전체 하나님의 공동체를 위한 사역에 있음을 기억해 낼 때다.

---

73 Jim Wallis, 『하나님 편에 서라』, 45. 이어 그는 "그리스도인이 예수님을 어떤 분이라고 생각하는지에 따라 그들이 그분을 따르는 방식도 달라진다"고 한다. 또한 "나에게 '사회 정의'는 복음, 개인 구원과 사회 변혁도 포함하는 통전적 메시지의 필수 요소다. 이것은 속죄만 다루는 복음이 아니라 하나님 나라의 복음이다"라고 한다. 107.

74 민종기, 『한국 정치신학과 정치윤리』, 106.

(3) 창조론과 구원론의 균형 이루기

이 세상에 여러 악이 존재하지만, 하나님은 세상을 선하게 창조하시고 지금도 사랑하고 계신다. 그래서 비록 죄를 경계하되, 하나님의 창조가 선하다는 것을 잊어서는 안 된다. 또 하나님의 구원 대상이 우리 영혼뿐만 아니라 온 창조 세계까지 미친다는 사실도 인정해야 한다(롬 8:21). 이런 측면에서 현재 한국 목회자들은 창조론과 구원론이 통전적으로 연결되도록 해야 하는데, "성도들을 바른 제자도로 훈련시켜 하나님의 창조의 주권을 사회의 각 기관에서 회복하도록 도와야" 한다.[75]

이것을 민종기는 정치적 제자도의 가능성과 연결해서 구속과 창조의 중요성을 함께 강조하는 일반 은총 그리고 영역 주권론의 맥락에서 설명한다. 즉 "신자의 실천적 영역을 영혼 구원에만 한정시키는 극단적 전통을 탈피하여 그 범위를 사회의 제반 영역으로 확대"[76]하는 것이란 주장이다.

그런데 이 같은 창조론과 구원론의 균형을 위해서는 그동안 소홀히 다뤄온 창조론의 신앙을 바르게 세워야 한다는 당위성과 마주하게 된다. 이것은 교회 내부에 대한 집중에서 교회 외부 그리고 창조 세계 전반을 포괄하는 새로운 이해를 요구한다. 따라서 창조론의 강조는 모든 피조물이 함께 공유하는 하나님에 대한 지식과 도덕성의 강조이며 이것은 교리적으로 일반 계시, 하나님의 법, 양심, 언약 등에 대한 강조다.[77]

---

75 이학준, 『한국 교회, 패러다임을 바꿔야 산다』, 88.
76 민종기, 『한국 정치신학과 정치윤리』, 118.
77 이학준, 『한국 교회, 패러다임을 바꿔야 산다』, 158.

이에 대해 마우는 칼빈주의자의 "모든 곳에 존재하는 은혜"(Grace is everywhere)에 관해 말하며, 아브라함 카이퍼의 "은혜라는 것은 모든 인간사에 광범위하게 역사할 뿐만 아니라, 자연 일반에도 역사한다"[78]는 말을 인용해 뒷받침한다. 그런데 이러한 논증은 모두 공공신학의 토대가 되며 비신자와의 교류뿐만 아니라 공적 영역에서의 협력 가능성 또한 열어 주고 있다.

그렇지만 현재 한국 교회에서는 위에서 살펴본 창조론에 대한 이해가 배제된 채 구원론이 논의되는 경우가 많다. 그 바탕에는 이 세상이 하나님이 창조하신 곳임에도 마치 멸망당할 곳처럼 보는 관점에서 아주 부정적으로 생각하기 때문이다.

결국 이것으로 반쪽짜리 복음을 낳는 위험에 빠지게 된다. 그 결과 신자가 세상에서 어떤 역할과 책임을 갖고 살아야 할지에 관해 답을 주지 못하는 교회가 되고 말았다. 또한 목회자에게도 스스로 사회의 여러 이슈에 대해 어떻게 의견을 제시하고 대응해야 할지 혼란스럽게 만들고 있다.

> 창조론이 허약한 기독교는 포괄적이며 일관성 있는 윤리관을 제공하지 못하고 개인 경건주의에 머물고 말아, 교회와 성도가 감당해야 할 사회적, 역사적 사명에 대해서는 무지하게 되고 맙니다.[79]

---

[78] Richard Mouw, 『문화와 일반 은총』, 74. Mouw는 이어 "카이퍼는 창조 질서가 제대로 유지되는 것도, 하나님이 주권적으로 간섭하시기 때문이라고 한다. 하나님이 직접적으로 지키시고 역사하지 않으시면, 창조 세계는 곧 스스로 무너지고 만다고 보았다"는 논증을 소개한다.

[79] 이학준, 『ST 747 한국 교회를 위한 영성과 윤리』, 12.

따라서 목회자는 우선 모든 인간은 하나님의 형상을 갖고 창조된 존재라는 것과 모든 피조물은 어떤 것이나 하나님의 자비와 은혜가 필요하다는 신학을 재확인해야 한다.

(4) 공적 영역을 향해 공적 영성 회복하기

한국 교회 목회자는 이제 스스로 이런 질문을 던져야 한다.

> 세상 사람이 우리 교회를 바라볼 때 가장 먼저 떠올리는 것은 이웃 사랑의 모습인가, 아니면 교회를 향해 불편한 심기를 더 자극하게 만드는 교만과 위선의 모습인가?

지금 한국 사회에 비치는 기독교에 대한 가장 큰 우려와 비난은 교회가 사회의 공적 영역에 무관심하고 자신만의 관심사에 매몰되어 있다는 지적이다.[80] 언제부턴가 한국 교회는 세상에 진정으로 참여하는 영성[81]을 상실한 채 개인과 개교회만을 위해 하나님을 추구하는 이기적인 집단이 되었다. 이것은 하나님을 잘 믿기 위해서 세상과 거리를 두고 또 세상을 부정해야 한다고 생각하는 내세 지향적 영성이 자리 잡은 측면이 강하다.

여기서 우리는 칼빈주의적 주제, 즉 '은혜는 어디에나 존재한다'는 말의 중요성을 곰곰이 되새김질 해 보아야 한다. 교회의 존재 의미는 세

---

[80] 이원규, 『한국 교회 무엇이 문제인가?』(서울: 감리교신학대학교, 1998), 51-62. 여기서 저자는 이 외에도 부를 절대시하는 맘모니즘으로 신앙을 물량주의 가치관으로 평가하고, 윤리가 생략된 기복적 태도, 교회의 사업주의와 성직 매매 등이 판을 친다는 점을 지적한다.

[81] Michael Frost and Alan Hirsch, 『새로운 교회가 온다』, 219. Michael Frost와 Alan Hirsch는 "세상과 문화에 참여하는 메시아적 영성" 회복을 강조한다.

상과의 연관성에서만 발견할 수 있기 때문이다.

> 교회는 하나님이 세상 속에 세워 놓으신 것이다. 한 몸으로 살아가는 삶으로 메시아의 죽음과 부활이 말하는 것이 무엇인가를 세상에 이야기하는 사람들을 하나님이 재창조해 놓으신 것이 바로 교회다.[82]

한국 교회 목회자는 변해야 한다. 이제는 교회 공동체가 다시 어떻게 외부를 향해서 성육신할 수 있을까 고민해야 한다. 월리스는 아래의 방법을 제안한다.

> 신앙 공동체는 공적 영역을 지배하려 들 것이 아니라 공적 영역에 가르침과 영감을 주려고 노력해야 한다. 신앙 공동체는 획일성보다는 진실성을, 확실성보다는 반성을, 지배가 아닌 본을 보이는 지도력을 추구해야 한다. 신앙 공동체는 우리 사회의 점증하는 종교적 다원성을 존중하는 동시에 '진리를 말하는' 일에 헌신해야 한다.[83]

이제 한국 교회는 교회가 서 있는 세상 속에서 다른 사람, 즉 비신자, 약한 이웃 그리고 원수처럼 보이는 사람에게도 헌신을 표현해야 한다. 따라서 목회자가 사회의 모든 영역에서 순수하게 사회적인 선을

---

82 Michael J. Gorman, 『삶으로 담아내는 십자가』, 574-575. 하나님은 그리스도 안에서 세상을 자기와 화목하게 하셨다. 또 교회의 책임을 정확히 이해하기 위해서 Mouw가 말하는 '각 사람에 대한 구원과 또 창조하신 세상을 그분의 섭리로 다스리신다는 하나님 섭리의 복합성'에 눈을 뜰 필요를 느낀다. Richard J. Mouw, 『문화와 일반 은총』, 105.

83 Jim Wallis, 『하나님 편에 서라』, 52. 또한 Wallis는 복음은 공적인 헌신을 다짐한 제자들을 만든다며, 이 복음은 " … 주위 사람과 전 세계 사람을 자신의 이웃으로 재정의하게 하고, 심지어 자신의 원수를 대하는 방식까지 바꾸어 놓는다"고 말한다. 45.

위해 앞장서 헌신하는 영성을 회복하지 않으면 안 되는 시점이 되었다. 더 이상 불신자만 탓하며 그들이 변하기를 바라는 높아진 마음에서 내려와 어떻게 하면 이 시대의 신자가 더 신자다운 삶을 통해 비신자의 삶에 영향을 줄 수 있을까 고민해야 한다.

특별히 한국 목회자는 보수와 진보라는 낡은 틀에서 속히 벗어나야 한다.

> 교회가 공동의 신앙고백을 추구하며, 기존 교회의 형성 과정에서 생긴 모든 인간적이고 역사적인 비본질적 요소를 과감하게 제거하고, 신앙의 경험을 넓게 공유하는 노력이 있어야 한다.[84]

(5) 일반 은총 수용하기

그 동안 주류 개신교단 목회자들은 일반 은총(common grace)에 관해 소홀히 생각해 왔다. 반면에 신자와 비신자간의 의식의 차이점을 명확하게 구분하는 일에는 적극적이었다. 그러나 마우는 지금은 양 진영의 차이점과 더불어 오늘날 우리에게 중요한 일은 인간 모두의 공통분모를 찾아 인간의 공통성에 대해 올바른 입장을 세워야 한다고 강조한다. 특히 일반 은총 교리는 세상의 사상과 기독교 사이에 접촉점을 찾는 데 긍정적인 문이 되고 있고 또 문화와 신앙에 대한 민감한 부분을 잘 드러낼 수 있다.[85] 동시에 헨리 스톱(Henry Stob)의 글을 인용한다

---

84 김관석, "교회의 분열과 한국 교회의 연합운동," 「기독교사상」(1994년 4월호), 39.
85 Richard J. Mouw, 『문화와 일반 은총』, 21. Mouw는 일반 은총 신학의 중요성에 관해 "우리는 통치자이신 주님의 성령이 이 땅 가운데 역사하고 계셔서, 이 땅에서 구원받은 민족과 나라를 불러 모으실 뿐만 아니라, 인간의 간악한 죄악에도 불구하고 이 땅 가운데 알 수 없는 신비로운 방법으로 죄를 억제하고 계신다"는 것이라 한다. 133.

모든 인간이 하나님께서 만드신 피조된 존재라는 공통분모 내에서 일반 은총을 논의할 수 있으며, 지성의 영역에서 그리스도인과 비그리스도인이 공유하고 있는 이성을 통해 서로 나누는 지적인 대화 내에서 의미 있는 대화와 논쟁이 가능하다.[86]

따라서 교회의 실천적인 영역에는 개인 영혼 구원과 함께 인간 삶의 모든 영역 즉 일반 은총의 영역 속에서 그리스도의 왕권 선포와 그의 통치를 수납함을 통해 죄로부터의 해방까지 포함해야 한다.[87] 이같은 논의의 배경에는 하나님이 만물을 창조하시고 주관하시기 때문에 그 어떤 것도 하나님의 통치에서 제외될 수 없다는 확신이 깔려 있다.

그런데 일반 은총 차원에 열린 논의가 가능한 배경에는 칼빈의 사상 중에 인간의 훌륭한 능력은 "하나님의 특별한 은혜"(a peculiar grace of God)로부터 나왔다는 생각과 연결된다. 여기서 마우는 카이퍼가 말하는 일반 은총의 "내적이고," "외적인" 작용으로 설명한다. 즉 "외적인 작용"은 과학 지식이나 예술의 진보와 번영 같은 모든 영역에서 볼 수 있는 가시적인 성과를 의미한다.

> (반면, '내적 작용'은) 사회 미덕, 내면 양심, 자연스러운 사랑, 인간성의 실현, 공공 의식의 성장, 신실함, 사람들 간의 신뢰, 경건한 삶을 위한 갈망 등 인간의 내면적 삶 어디에서나 일반 은총이 내적으로 작용한다.[88]

---

86 Ibid., 30.
87 민종기, 『한국 정치신학과 정치윤리』, 119.
88 *Westminster Confession of Faith*, Chapter XVI, Article 7, in Philip Schaff, *Creeds of Christendom*,

따라서 개인적인 영역과 공적인 영역에서 전체성의 중요성을 인식하고, 일반 은총의 통합과 보존의 능력으로 세상이 지속적으로 발전할 가능성이 있기 때문에 목회자는 적극적으로 일반 은총에 소망을 품고 전진해야 한다.[89] 특별히 기독교가 중요한 신학적 주제로 다루고 있는 '가난'이나 '정의'라는 이슈에 올바르게 접근하려면 일반 은총의 영역과 필연적으로 연결된다. 이 영역과 연결되는 이유를 말한다.

> 일반 은총이 가르치는 바는 하나님이 선택받지 않은 자에게도 구원의 은혜는 아닐지라도 적극적인 사랑을 베풀고 계시고, 우리에게는 우리의 영혼 속에서 그러한 사랑을 양성하기를 원하신다는 것 ….[90]

따라서 인류의 타락 후에도 아직 하나님이 남겨 놓으신 창조의 섭리에 의해 운행되는 부분이 존재한다는 점은 부인할 수 없게 된다. 즉 이것은 하나님이 모든 사람 앞에 펼쳐 놓으신 은총의 영역이다. 그런데 바로 이 지점이 신자와 비신자가 공통으로 관여하는 공공의 영역으로서 공적 영역에서 목회자의 사역 가능성을 열어 준다. 그 결과 하나님의 창조 영역에서 하나님의 사역과 만나게 된다.

이학준도 교회가 사회에 참여하고 그들과 소통하기 위해서 그리고

Vol. III, 636, Richard J. Mouw, 『문화와 일반 은총』, 71에서 재인용.

89 Richard J. Mouw, 『문화와 일반 은총』, 150. 또한 "일반 은총 신학은 우리 모두가 공유하고 있는 본질적인 인간성을 전제"한다며, "이 신학은 심지어 우리의 공유된 인간성의 개념이 완전히 '해체된'(deconstructed) 것으로 보이는 곳에서도 그 공통성에 대한 증거를 찾도록 영감을 준다"고 한다(151).

90 Ibid., 127. 어거스틴으로 시작된 공공신학의 후예는 공공의 영역이 존재한다고 보며, 특히 칼빈주의자는 이를 일반 은총의 영역으로 설명한다.

공적·선지자적 사역을 감당하기 위해서 자연법과 일반 은총의 작용을 중요하게 다룬다. 특히, 일반 계시를 자연 질서와 보편적 역사 속에 나타난 하나님의 계시로 본다.

> 신앙의 진리가 비그리스도인에게도 설명되고 이해될 수 있다는 최소한의 인간 인식론적 바탕과 더불어 그리스도인이 비그리스도인과 사회의 공동선을 위하여 함께 일할 수 있는 신학적 바탕을 제공해 준다.[91]

따라서 일반 은총에 대한 수용의 자세를 바탕으로 공적 영역에 관여함을 통해 하나님의 사역과 마주해야 한다.

(6) 소통하는 리더십으로 다가가기

한국 개신교가 맞고 있는 위기의 원인 가운데, 목회자의 소통을 바라보는 소극적 자세를 꼽을 수 있다.[92] 즉 소통 부재의 현상은 먼저

---

91 이학준, 『한국 교회, 패러다임을 바꿔야 산다』, 117. 또 일반 계시는 완전하지는 않지만 비그리스도인, 일반적 인간 양심, 창조 질서 등에 나타난 하나님의 경영과 계시의 단편과 파편을 말한다(롬1:19-20). 한편 차정식은 캘리포니아 샌안셀모제일장로교회(First Presbyterian Church of Saint Anselmo) Joanne Whit의 9·11테러 추모 예배 설교를 소개하며, 기독교인뿐 아니라 타종교인까지 챙기고 먹이며 그들에게도 햇볕과 비를 주시며 그들의 삶에 관여하시는 하나님의 '우주적 은총'까지 상상할 수 있어야 한다는 메시지를 언급하며 일반 은총의 작동 필요성을 강조한다. 차정식, 『예수, 한국 사회에 답하다』, 350.

92 '소통'을 어원적으로 풀어보면, "소통을 뜻하는 영어 단어는 'communication'이다. 이것은 라틴어 동사인 *communicare*에서 유래한 말이다. 이 단어는 '공유하다'(share), '전하다'(impart)의 뜻을 가진 라틴어 형용사 *communis*에서 파생되었다. 이러한 어원에 따라 충실하게 해석하면 공동의 집단 내에서 무엇인가를 나누고 전하는 것이 'communication'이라 할 수 있다. 박기찬, 심현주, 『소통하는 팀, 소통하는 회사 만들기』(경기: 네임북스, 2011), 47. 한편, '소통하는 리더십'은 의견을 교환하는 소통의 "시간의 행동이 전부가 아니라" 의사소

교회 내부에 당회, 공동의회 그리고 제직회 등의 모임에서 불통의 모습을 연출하고 이어 교회 분쟁으로까지 치닫는 경우를 종종 보게 된다. 또한 이 같은 교회 내 불통의 모습은 교회 밖으로 이어져 교회와 사회 간에 그리고 급기야 아예 지역 사회에 대한 무관심으로 연결되는 양상이다.[93] 이제는 겸허한 반성과 함께 지역 교회의 목회자는 소통하는 리더 역할을 확인해야 한다.

그런데 이런 리더는 전통적이고 위계적인 리더십이 아니라 문화와 세상에 참여하는 리더십 형태다.

> 자신의 종교적인 영역을 떠나서, 교회에 가지 않는 사람들과 편안히 지내면서 문화 속으로 빛처럼 소금처럼 스며드는 것이다.[94]

이와 같은 방향으로 변화해야 하는 성경적 근거는 그리스도의 복음을 말씀이 증언한다는 것과 하나님 나라는 소통의 모습과 아주 흡사하게 닮은 개념으로 전개된다는 것이다.

예수 그리스도의 십자가 안에 나타난 하나님의 사랑은 인간을 구원하는 하나님의 자기-희생적인 사랑이다. 흥미롭게도 예수 그리스도

통 행위가 이후에 "결과적으로 반영될 때" 비로소 소통의 리더십이 이루어졌다고 말할 수 있다. 곧 소통의 시간의 행동보다 의사소통의 행위가 결과적으로 반영되는 것이 중요하다. 고재길, "하나님 나라와 지역 교회의 소통의 리더십," 391.

93 Mouw는 우리 사회 내, 비신자에게 있는 "선하고 아름답고 진실한 것들에 대해 과연 하나님의 관점과 동일하게 그것들을 바라보고 있는가?" 묻는다. Richard J. Mouw, 『문화와 일반 은총』, 59.

94 Michael Frost and Alan Hirsch, 『새로운 교회가 온다』, 67.

안에 나타난 하나님의 사랑을 소통의 관점에서 이해할 수 있다.[95]

이 의미는 죄로 인해 하나님과 인간 그리고 인간과 인간 사이에 막혔던 담으로 서로 심각한 불통을 느끼고 있을 때 그리스도가 십자가 위에서 이루신 사건으로 소통이 가능해졌다는 것이다. 따라서 그리스도의 십자가는 소통을 위한 십자가다. 하지만 예수가 부활 승천하시고 보혜사 성령님이 오신 이후부터 지금까지도 모든 인간이 하나님과 또 인간과 관계의 회복을 경험하고 사는 것은 아니다.

이에 관해 좀 진전된 견해를 고먼의 글에서 찾아 볼 수 있는데, 그는 사도 바울의 영성과 신학을 통해서 전개한다.

> 바울은 인간의 현 상태를 사람들이 하나님과 사람의 관계, 사람과 다른 사람들과의 관계를 엉망으로 만들어놓은 상태로 이해했다.[96]

고먼은 그렇지만 바울이 제시하는 해결책은 아주 단순한 것이라며 "사랑으로 표현되는 믿음"(사랑으로 역사하는 믿음, 갈 5:6)이었다고 주장한다.[97]

여기서 바울이 이해했던 하나님과 사람 또 사람과 다른 사람과 엉망인 관계에 대한 해결책으로 제시한 '이것'은 구체적으로 무엇을 의미하

95　고재길, "하나님 나라와 지역 교회의 소통의 리더십," 382. 그래서 "하나님의 사랑, 화해, 치유, 생명 공동체를 가리키는 하나님 나라의 삶의 가치는 오늘의 21세기의 언어로 표현할 때, 소통과 공감이라고 말할 수 있다"(383).

96　Michael J. Gorman, 『삶으로 담아내는 십자가』, 258.

97　Ibid., 258.

겠는가?

이 "사랑으로 표현되는 믿음(사랑으로 역사하는 믿음)"은 바로 수직과 수평 차원 간에 서로 나누는 '소통'을 위한 '행동'을 의미한다고 확신한다. 이를 고면은 "십자가를 본받는 삶," 또 "예수를 삶으로 이야기하는 교과서"라는 성육신 개념으로 표현한다.

그래서 하나님은 친히 소통하시는 분(self communicating God)으로서 삼위일체는 하나님의 소통의 항존성을 말해 주며 그래서 결국 인간을 창조하신 목적도 소통에 있다는 주장이 설득력을 갖는다.[98] 하나님은 지금도 피조물인 우리 인간과의 소통을 통해 하나님의 공동체로 초대하고 계신다. 따라서 목회자는 "이 땅 위에서의 자신의 사명을 하나님의 소통 회복을 위한 선교적 사역(missio dei) 속에서 이해해야 한다."[99]

한편 디트리히 본회퍼(Dietrich Bonhoeffer) 역시 소통의 신학을 추구했다. 그의 박사 학위 논문에서 시작하는 소통의 신학은, "삶의 마지막 시기인 감옥 생활에 이르기까지 일관되게 나타난다. 본회퍼는 성경 또는 신학의 여러 개념을 '사회성'의 관점, '비종교적인 해석'의 관점, … 소통의 관점에서 새롭게 이해하려고 했다."[100]

본회퍼에게 소통은 신자뿐만 아니라 인간 모두의 본질적인 요소였다. 따라서 이제 현대 목회자는 소통의 신학을 바탕으로 각 지역 교회 안팎의 영역에서 구체적으로 소통의 가치를 실천하는 것이 너무도 당연

---

98 이학준, 『한국 교회, 패러다임을 바꿔야 산다』, 107-108. 또 이학준은 초대 교부는 하나님의 존재의 모습을 상호 침투(perichoresis)로 이해해서, 아버지, 아들 그리고 성령이 서로 늘 교통하심과 함께 이 교통이 엑스터시의 모습, 마치 삼위가 하나로 춤추며 움직이는 모습 같다고 말했음을 서술한다.

99 Ibid., 109.

100 고재길, "하나님 나라와 지역 교회의 소통의 리더십," 384.

한 일이다. 그 결과, 비로소 하나님 나라의 가치를 실현하는 도구로서 자리매김하는 자신과 마주하게 된다.

2) 평신도 교육 사역과 공적 영성

한국 교회의 잃어버린 공적 영성 회복은 목회자의 변화만 가지고는 불가능하다. 여기에는 반드시 평신도의 참여가 함께 가야 한다. 그러기 위해서 평신도로 하여금 공적 영역에서 사역할 수 있도록 교육하고 사회적 활동 공간을 만들어 가는 일이 필수적이다. 스택하우스는 평신도의 윤리를 성숙시켜 일하게 하기 위해서 도덕적이고 영적으로 준비된 사람을 통해서 실행할 것을 조언한다.[101]

무엇보다도 한국 교회는 큰 틀에서 지역 사회와의 소통을 가로막고 있는 개교회주의를 극복하는 일이 시급하다. 그래야 사역의 비전과 영역도 확대할 수 있다. 따라서 평신도 교육 사역의 초점은 공적 영역에 대한 바른 이해를 바탕으로 지역 사회와의 소통과 협력에 맞추어지게 된다.

(1) 공적 영역을 대하는 자세 변화와 책임 공감하기

공적 영역은 많은 유혹이 도사리거나 죄가 범람하는 곳으로 가능한 멀리해야 할 곳이란 기존의 생각을 바꿀 필요가 있다. 신자가 사는 곳도 이 세상이요 또 교회가 세워진 곳도 바로 이 세상이다. 그렇기 때문에 이 세상 속에 공적 영역은 하나님의 은혜와 그리스도의 사랑을 펼쳐 보

---

101   Max L. Stackhouse, "공공신학이란 무엇인가?," 39.

여 주어야 할 무대가 된다.

사실 세상 어느 영역이든 하나님의 주권이 미치지 않는 곳은 없다. 따라서 신자가 바로 이곳에서 예수의 제자가 되는 것임을 알 수 있다. 즉 신자는 공적 영역에서 복음대로 살아가며 또 그것이 믿음과 사랑과 능력과 소망을 전하는 복음의 핵심을 삶으로 주해하는 것이다.[102]

예수는 하나님 앞에 신실하셨고 동시에 공적 영역에서 만나는 사람도 사랑으로 섬기셨다. 이것은 예수가 하나님과의 관계만큼 다른 사람과의 관계도 중요시하신 것을 말해 준다. 신자에게 있어 공적 영역을 대하는 태도는 하나님 사랑과 함께 결코 소홀히 할 수 없는 이웃 사랑에 해당한다. 곧 공적 영역을 향한 관심과 책임 의식의 정도가 현재 사역의 적합성 여부를 담보하기 때문에 이것 없는 이웃 사랑은 막연한 구호에 불과하다.

> 한국 개신교의 위기가 정체성과 적합성의 위기이며, 이제 이 위기의 극복은 바로 친밀성이라는 하나님 사랑과 공적 영성이라는 이웃 사랑에서 가능합니다. 친밀성이 우리의 신앙 정체성의 영역이라면, 공적 보편성은 사역의 지평 및 적합성과 연결됩니다.[103]

---

102 Michael J. Gorman, 『삶으로 담아내는 십자가』, 575. 또 그는 이같이 복음을 삶으로 주석하며 이 복음이 이끄는 목적대로 살아가는 믿음을 지칭해 '십자가를 본받는 믿음'이라 한다. 그런데 이 '믿음'이 '십자가를 본 받는 사랑'으로 표현된다. 따라서 복음을 삶으로 주석하는 삶이 강조되는데 "교회 안팎을 막론하고 자신을 다른 사람에게 내어주지 않는다면, 그리스도를 본받아 믿음과 사랑으로 하나가 되는 체험을 할 수 없기 때문이다"라고 한다. 604.

103 이학준, 『한국 교회, 패러다임을 바꿔야 산다』, 102.

따라서 공적 영역에서 타자를 위한 기독교적 윤리 체계의 마련은 중요하다. 하나님과 개인 그리고 개인과 이웃과의 관계를 형성하는 윤리적 자각은 교회 안뿐만 아니라 교회 밖에도 중대한 영향을 끼쳐 그 변화에 기여하게 된다.[104] 동시에 유경동은 한국 개신교가 공적 영역에서 이웃 앞에 주저하는 모습을 지적한다.

> 인간과 신의 관계는 서로 도달이 불가능한 관계로서가 아닌, 도달할 수 있는 이웃, 바로 공동체를 통하여 이루어진다. 그 이웃이 지금 현재 우리에게 있다. 그리고 그 이웃은 우리에게 우리의 신앙을 요청한다.[105]

하나님이 세상을 사랑하셔서 독생자를 주셨고(요 3:16), 하나님을 사랑하는 만큼 이웃도 사랑해야 하고(마 22:37-40), 하나님과의 관계가 중요한 만큼 이웃과의 관계도 중요한 것을 알고 있다.

그럼에도 불구하고 세상을 바라보는 우리의 눈은 여전히 고압적이며 정죄를 위한 혹독한 잣대와 예리한 칼날을 등 뒤에 숨겼다가 언제 겨눌지 고심하는 모습은 아닌가?

혹은 아예 방관자의 자세로 하나님께서 어떻게 하시나 관찰하거나 세상 사람이 어떻게든 스스로의 힘으로 선하게 살기를 바라고만 있지는 않은가?

---

104 유경동, 『영성과 기독교 윤리』, 142.
105 Ibid., 220.

우리도 반드시 하나님이 인간 세상 속에서 죄의 능력을 억제하기 위해 우리를 사용하실 방법을 찾아봐야 하며, 동시에 우리의 노력으로도 사회적인 선을 행할 수 있는 방법을 간구해야 한다.[106]

이어 그리스도인의 책임에 관한 카이퍼의 글을 인용한다.

인간 사회의 모든 영역에서, 우리 그리스도인이 더 고상하고 순수한 사회적인 선을 이루기 위해 적극적인 노력을 기울여야 한다.[107]

그렇다면, 특별히 우리 사회의 어떤 대상에 더 가깝게 연결되는 것이 바람직한가?

그 대답은 지극히 작은 자, 나중된 자, 잃어버린 자, 가난한 자 그리고 힘없는 자다.[108] 강도 만난 이웃이 있는 교회의 외부와 대화하는 자세

---

106 Richard J. Mouw, 『문화와 일반 은총』, 124. 공적 영역에서의 언어사용에 관해 신앙적인 "중층적 담론"(thick discourse)보다, 공적 담론에서 통할 수 있는 "평이한"(thin) 용어나 태도 (attitude)는 겸손함 그리고 하나님의 긍휼과 자비의 마음을 예로 든다. 129-134; 153-155.

107 Abraham Kuyper, "Common Grace," in James D. Bratt, ed., *Abraham Kuyper: A Centennial Reader* (Grand Rapids: Eerdmans, 1998), 197, Richard J. Mouw, 『문화와 일반 은총』, 125에서 재인용. 한편 John Wesley는 전 세계가 자신의 교구이고, 세계 곳곳은 복음을 선포할 장소라며 "할 수 있는 모든 수단을 사용해 할 수 있는 모든 방식으로 할 수 있는 모든 곳에서 할 수 있는 모든 때에 할 수 있는 모든 사람에게 할 수 있는 때까지 할 수 있는 모든 선을 행하라"고 한다. "John Wesley quotes," ThinkExist, http://thinkexist.com/quotation/do_all_the_good_you_can-by_all_the_means_you_can/148152.html, Jim Wallis, 『하나님 편에 서라』, 425에서 재인용.

108 Jim Wallis, 『하나님 편에 서라』, 44. 이어서 그는 이들을 만나려면 우리 도시와 지역 사회 속으로 혹은 전 세계 속으로 여행을 떠나야 하고, 이렇게 해서 이들과 다시 연결될 때 기존의 신자들은 다시 한 번 예수님과 더 가까워질 수 있다며 이 여행이 기독교의 미래를 결정하는 열쇠라고 한다(44-45). 또, 공동선에 효과적으로 기여하는 기준은, 교리를 더 잘 이해하든지, 종교에 대한 열렬한 추종이 아닌, 세상 사회 속에서 그리스도의 제자로 사는 삶이라고 강조한다(52-53).

로 변해야 한다. 그런데 윌리스 목사는 이 역할을 위해서 신자가 자신의 가치나 신념을 포기할 필요는 없다고 한다. 오히려 그것 덕분에 더 진정한 대화에 참여할 수 있다며, 다음의 세 가지를 언급한다.

> **첫째**, 종교적인 문제가 있다. 나는 그리스도인이며, 우리는 그리스도인이 정치적으로는 다양하지만 언제나 그리스도 안에서 하나라고 말할 수 있어야 한다. … 우리는 의견이 다를 수 있지만, 우리가 서로의 의견에 어떻게 이견을 표하는가는 우리가 그리스도를 어떻게 증언하는가와 직결된 문제다.
> **둘째**, 우리는 진리를 말하고 추구해야 한다.
> **셋째**, 우리는 '다수에서 하나로'라는 미국의 건국 정신을 견지해야 한다.[109]

교회는 공적 영역에서의 책임을 더 이상 외면하지 말아야 한다. 만일 그렇지 않으면 교회 내에서 집단적인 사사로움만 키워가는 모순 속에 계속 머물게 된다.

(2) 교회 안에서 밖으로 소통하기

대부분의 한국 교회는 개교회가 위치해 있는 지역 사회에 큰 관심을 보이지 않는다. 이 같은 교회와 사회 간의 소통 문제는 위에서 언급한 목회자뿐만 아니라 평신도에게도 중요한 과제로 인식되고 있다. 하나님은 한국의 온 교회가 이 소통을 개교회 안과 함께 교회 밖의 모든 영역

---

109 Ibid., 284-285.

에서도 회복하길 바라신다고 확신한다(엡 1:10). 그 이유는 교회의 존재 의미는 항상 모인 후에는 밖을 향한 보내심을 염두에 두는 데 있기 때문이다.

그래서 교회 구원성 모두가 하나님이 창조하신 교회 밖의 전 영역에서 신자의 삶을 사는 것은 하나님의 마음을 시원케 해드리는 일이 된다. 그러기 위해서는 교회 안에서 밖으로 소통해야 한다.

> 세상에서 무슨 일이 일어나고 있으며, 하나님께서는 그 세상에서 어떻게 일하고 또 우리가 무엇을 하기를 원하시는가를 이해하여야 합니다.[110]

교회 밖의 세계를 향해서도 열려 있어서 그들에게 들려오는 신음과 고통의 소리도 들어야 한다는 중요한 통찰이다.

여기에서는 스택하우스가 말하는 '시민 사회를 위한 기독교 사회 윤리'를 들여다 볼 필요가 있다. 교회가 교회 안에서 교회 밖의 영역과 소통하기 위해서는 시민 사회와의 관계 설정이 중요하기 때문이다. 따라서 교회는 시민 사회를 향해 마치 사탄의 무리인 양 취급하며 고압적인 태도를 갖거나 거리를 두려는 자세보다는 그들의 삶에 따뜻한 관심을 표하는 모습으로 다가서는 것이 옳다.

기독교는 현대 문화를 악으로 간주하여 경건을 앞세운 도덕적 순수성만 주장해서는 안 된다. 교회는 현대 사회의 도전들로부터 분리되

---

110 이학준,『ST 747 한국 교회를 위한 영성과 윤리』, 13.

거나 단절될 수 없기 때문이다.[111]

이와 관련해 스택하우스는 공공신학의 두 가지 의의를 다음과 같이 말한다.

> **첫째**, 기독교의 구원이란 신비한 내용을 담은 밀실 종교의 개념이 아니어서 공공의 영역에서 공개적이고 합리적으로 토론할 수 있기 때문이다.
> **둘째**, 기독교는 공적인 삶의 구조와 정책에 대한 가이드를 제공하는 사회 윤리[112]

특별히 교회가 외부와의 소통을 위해서는 다음과 같은 과제 수행이 요구된다.

> 교회는 지역 사회가 인격적인 만남의 주체이며 대등한 인격의 공동체임을 기억해야 한다. 교회 공동체 안에서 나타나야 하는 '나와 너의 관계'는 교회가 사회와 만날 때도 동일하게 나타나야 한다. … 교

---

111 문시영, "교회 안에서 시작하는 공공성," 143. 문시영은 이 글의 도입 부분에서 교회가 외부와의 소통을 위해서는 교회가 의심받고 있는 '교회 안의 공공성' 문제 해결이 우선임을 강조한다. 즉 목회자 납세 논란, 지역 사회와의 갈등, 교회 재정 투명성 등에 대한 시민 사회의 거센 요구를 놓쳐서는 안 된다는 것이다(140-142). 그간 교회는 신앙 생활의 공공성보다 교회 내적 활동 강화에만 집중함으로써 신앙의 개인화·사사화를 조장한 측면이 있다.

112 Max L. Stackhouse, *Public Theology and Political Economy: Christian Stewardship in Modern Society*, intro. xi, 문시영, "교회 안에서 시작하는 공공성," 144-145에서 재인용. 이 두 가지는 교회가 공공의 삶(public life)을 신학의 주제로 삼아야 하는 이유라고 한다.

회는 지역 사회와 소통하기 위해서 지역 사회의 중요한 과제에 대해 우선적인 관심을 가져야 한다. … 지역 사회는 단순히 교회의 전도나 구제의 대상이 아니다. 지역 사회는 교회가 해야 하는 과제가 무엇인지 생각하고 고민하게 만드는 지역 공동체다.[113]

여기서 보듯 교회가 지역 사회에서 유의미한 역할을 하기 위해서는 지역 내의 타자를 대할 때 사랑과 배려의 정신을 기반으로 한 인격적 만남이 필수적이다. 이를 전제로 구체적인 섬김과 나눔의 실천을 통해 이웃에 대한 관심과 사랑을 잃지 않고 있음을 보여야 한다. 이같은 진정성 있는 자세를 통로로 이웃에게 감동을 줄 수 있다면 교회 밖으로의 소통 가능성은 그 만큼 넓어지리라 생각한다.

초기 한국 교회가 사회적 신뢰를 바탕으로 사회 내에서 중대한 지도력을 발휘할 수 있었던 이유는 지도자의 관심이 교회 안에 머물지 않고 교회 밖의 영역까지 품었기 때문이다. 구한말 한국 땅을 찾아 가난한 우리 겨레와 소통하던 선교사의 정신을 떠올리게 하는 대목이다.

(3) 공적 영역에서 공동선을 위해 서로 협력하기

한국 교회는 '우리끼리'를 넘어 교회 밖에서도 서로 함께 협력하는 자세로 변화가 요구된다. 교회 내 구성원의 이익과 권리만 추구할 것이 아니라, 외부의 다른 사람도 책임지는 방향으로 전환해야 한다. 이것은

---

113 고재길, 『한국 교회, 본회퍼에게 듣다』(서울: 장신대출판부, 2014), 231-232. 여기서 저자는 본회퍼의 견해는 교회가 타자를 위해서 현존할 때 교회가 된다는 것이며 타자의 존재를 존중하는 본회퍼는 그리스도인이 사회와 만날 때뿐만 아니라 교회 공동체가 지역 사회와 만날 때도 같은 방식으로 적용된다고 한다.

공적 영역에서의 공동선을 위한 토대가 된다. 마우는 제시한다.

> **첫째**, 그리스도인이라면, 하나님의 주권적인 섭리 가운데, 자신이 몸 담고 있는 일반 사회의 행복을 위해 적극적으로 노력해야 한다.
> **둘째**, 성화된 삶은 결국 사회 속에서 구체적인 태도와 행동으로 나타나야 하며, 이는 결국 그리스도인으로서 건강한 사회를 만들려는 노력으로 나타난다.[114]

교회는 하나님의 소유와 통치 아래 있기 때문에 이 세상에서 제기되는 다양한 이슈에 관심을 갖으며 공적인 책임을 수행하는 모습이어야 한다. 이를 위해 먼저 지역 사회에서 공동선을 위한 협력은 필수적이다. 마우는 하나님의 성품을 닮아 지역 사회의 모든 가난한 자를 돌보는 일은 교회를 향한 하나님의 부르심이라고 믿는다.[115] 따라서 지역 사회에서 협력을 위한 틀은 바로 지금 가난한 자와 약한 자에게 어떤 일이 일어나고 있는지에 대한 관심과 함께 그들의 필요를 채워 주는 역할이 될 것이다.

그리고 그 사회 속에 지속적으로 내재되어 있는 구조적인 모순에 대한 수정과 개혁을 위한 협력으로 나간다. 각 교회 구성원은 개교회가 속한 지역 사회에서 성육신된 삶을 재현하는 일이 그리스도인으로서 갖는 사회적 사명이다.

---

114 Richard J. Mouw, 『문화와 일반 은총』, 117. 한편 Wallis는 개인적 책임을 지면서 사회적으로도 정의로워야 한다며 공동선을 위한 두 가지 요소를 주장한다. Jim Wallis, 『하나님 편에 서라』, 48.

115 Richard J. Mouw, 『문화와 일반 은총』, 126-127. 이어 가난과 정의에 대한 올바른 신학을 세우려면 일반 은총과 필연적으로 연결된다고 보았다.

성육신적인 목회란 개교회가 자신이 속해 있는 지역 사회와 공동체에 깊이 뿌리 내리고 관여하면서 지역 사회가 느끼는 필요와 요구에 조직적·체계적으로 응답하는 것입니다.¹¹⁶

그리고 한국 교회는 공적 영역에서 공동선을 위하여 시민 단체와 협력을 모색해야 한다. 특히 사회적 약자에게 도움을 줄 수 있는 경제 정의의 실현과 환경·생태계 문제 해결을 위해 시민 사회의 대표적 실천자인 NGO와의 협력은 필수적이다. 또한 이들과 협력을 통해 날로 심화되고 있는 사회적 양극화 문제의 해결을 위해 구체적으로 법적·제도적 변혁을 위해 나서야 한다. 이와 관련한 기독교의 책임에 관해 민종기는 다음과 같이 말한다.

> 각 교회와 성도들은 교회의 정책과 자신의 결단에 따라 전문성을 가지고 활동하는 시민 단체를 통해 정보를 나누고, 경제적으로 지원하며, 그들의 행사에 참여하고 봉사함으로 사회적 책임을 감당할 수 있다.[117]

결국 더 많은 지역 교회가 해당 지역 내의 시민 단체와 협력하고 또 함께 노력해 갈 때 변화는 일어나게 된다. 따라서 교회는 지속적으로

---

116 이학준, 『한국 교회, 패러다임을 바꿔야 산다』, 216.
117 민종기, 『한국 정치신학과 정치윤리』, 107. 또한 그는 교회 구성원의 선거 참여와 시민 단체와의 협력을 통한 지역 정치인에 대한 적절한 지지와 견제 역할의 활성화도 제안한다. 107-108. 단, 정치선교에 있어 교회는 직접이 아니라 간접적으로 권력의 재편성 과정에 참여해야 한다는 입장이다. 즉 "교회의 이름이 아닌 시민운동의 이름으로 그 운동의 주체를 바꾸는 변화를 선택해야 한다"고 강조한다(172).

"시민운동의 담당자로, 내부적 비판자로, 후원자로서 역할을 감당해 나가야 한다."[118]

한편 시민 단체와의 협력 과정에서 보수적 교회와 진보적 교회는 저마다 지닌 개인적·사회적 책임의 가치를 서로 적절히 내세워 조화를 이루면 크게 기여할 수 있다. 동시에 앞에 "목회자의 공적신학적 관점의 제고"를 위해 살펴보았던 일반 은총 교리를 평신도 교육에서도 그 바탕으로 삼을 때, 다양한 시민 단체와 더불어 공동선을 위해 관계를 맺는 데 많은 도움이 될 것으로 확신한다.

마지막으로, 타 종교와의 대화와 협력은 어쩌면 피할 수 없는 일이다.

종교 간에 통합이 있을 수 없고 그럼에도 분쟁만은 피해야 한다면, 방법이 없지 않은가?

또 한국 교회가 공적 영역에서 대사회적 책임과 역할을 위해 공동선에 관심을 갖는다면 더욱 그렇다. 우리의 공공신학은 교회 내 공동체가 이미 공유하는 믿음과 가치를 서로 다른 전통과 신념이 어우러지는 영역(agora/forum)에서 강조하자는 것이 아니라, 오히려 기독교적 실천을 추구하는 것이다.[119] 이것은 모든 인간이 다같이 창조주 하나님의 피조물이라는 전제하에 나누는 대화이며 초청이다.

따라서 기독인이 분명한 정체성을 유지하면서 사회의 다양한 영역에서 공동선과 연관해 타 종교와 대화하는 것은 오히려 요청 사항이다.

---

118 김명배, "일제하 기독교 경제운동에 관한 공공신학적 성찰과 한국 교회의 과제," 152.
119 Andrew Morton은 이 영역을 열린 공간, 즉 'forum'이라 하는데, 이곳은 서로 다른 배경과 신념을 가진 사람이 함께 의견을 나누고 조율해 가는 곳이다. Andrew R. Morton, "Duncan Forrester: A Public Theologian," William F. Storrar and Andrew R. Morton, eds., Public Theology for the 21st Century, 29.

스토라(William Storrar)가 이에 대해 강조한다.

> 타 종교와 대화를 통해 교회의 전통을 지구의 전 넓이만큼 확대해 가고 에큐메니컬한 성과를 만들어 내는 것만이 이 시대의 공적인 문제에 성실한 기독교적 참여를 가능케 할 것이다.[120]
>
> 타 종교가 소유하는 경험과 지식도 광의적인 의미의 일반 계시로 볼 수 있으므로, 서로 대화하면서 배우고, 그 가운데 기독교의 진리성을 증거하고, 함께 공동선을 추구해 나가야 합니다.[121]

한국 기독교는 제3장에서 살펴본 3·1독립운동을 통해 기독교, 천도교, 불교 등 종교인이 당시 모두의 공동선이라 할 조국의 해방을 위해 함께 땀 흘렸던 모범을 갖고 있다. 이제 우리 기독인은 가정과 직장, 이웃과 사회 공동체를 향해 거룩한 영향력을 발휘해 가며 공동선을 위해 대화하고 협력하는 실천을 보여야 한다는 요구에 직면한다.

120　William F. Storrar and Andrew R. Morton, "Introduction," William F. Storrar and Andrew R. Morton, eds., *Public Theology for the 21st Century*, 24-25.

121　이학준, 『한국 교회, 패러다임을 바꿔야 산다』, 119. 또 그는 다종교 사회를 종교다원주의로 혼동해서는 안 된다며, 시민 사회에서 타 종교와의 대화와 협력을 종교다원주의로 낙인찍지 말라고 한다(예, 다니엘과 요셉). 이어서 다종교 사회에서는 교리적인 영역이 아닌 도덕률과 규범의 영역에서 일반 계시를 근거로 타 종교와의 대화가 충분히 가능하다고 한다. 다시 그는 한국 교회가 교리와 도덕의 영역을 혼동하지 말고, 타 종교나 사회 제도와의 대화를 타협 또는 배교(apostasy)로 간주하지 말아 줄 것을 당부한다(221-223).

제5장

사례 연구

 본 장에서는 많은 안타깝게도 한국 교회가 잃어버린 공적 영성과 그의 실천을 통해 지금 사역을 전개하고 있는 교회 사례를 연구해 보고자 한다. 대표적으로 한국에 있는 교회 한 곳과 미국 서부와 동부에 있는 교회 두 곳을 선정하였다.

 먼저 각 교회 소개와 목회 철학을 살펴보고, 이어 교회의 공적 참여와 책임을 실천하는 구체적인 사역을 알아본 후, 마지막으로 공공신학적 평가를 통해 각 사역이 갖는 의미와 가치 그리고 보완해야 할 사항을 분석해 보도록 하겠다.

1. 용학교회

해제면 초입 도로 변에 위치한 용학교회는 한옥 구조로 되어 있다. 들어가는 대문도 나무로 만들어져 있는데 참 정감 있다. 노인 요양원도 운영하고 옛 종탑도 있지만, 무엇보다도 순교자가 두 분이나 배출된 교회다.[1]

1) 교회 소개[2]

전남 무안군이라고 하지만 읍내에서 22km 더 가서 삼면이 바다로 둘러싸인 아주 외진 곳에 위치한 전형적인 시골 교회다. 교회 역사는 올해로 92년 되었고 교회당은 한옥으로 지어져 있다. 교인수는 외진 어촌 마을 교회로는 보기 드물게 장년부만 160여 명(세례 교인) 정도로 제법 규모가 있지만, 농·어촌 교회의 보편적 현상을 그대로 답습하여 어린이부와 중고등부는 미약하다. 그런데 이 교회를 사례 연구 교회로 소개하는 이유는 목회자의 공공신학에 기초한 목회 철학과 지역 교회로서 사회에 대한 공적 책임을 실천하는 모범적인 모습 때문이다.

---

1 "순교자 배출한 해제 용학교회," http://blog.daum.net/_blog/BlogTypeView.do?blogid=0QMRs&articleno=104&categoryId=0&regdt=20140501102440 (2017년 11월 2일 접속).
2 박석종, "농촌목회 이야기,"「농촌과 목회」(2009년 여름호) 통권 42호, 80-81. 용학교회는 대한민국 전라남도 무안군 해제면 해제리 151번지에 소재, 한국기독교장로회 소속이다. 용학교회 이야기는 한국일이 교회의 공적 책임에 대한 실천 사례로 발표하기도 하였다. 한국일, "복음전도와 교회의 공적책임," 206-210.

2) 목회 철학[3]

용학교회를 섬겼던 박석종 목사의 첫 번째 농촌 목회는 해남에 있는 마산서부교회였는데 12년 3개월 정도를 섬겼고, 두 번째 교회가 용학교회다. 교인의 약 70% 정도가 70세 이상으로 고령화된 교회였다.

> 한마디로 말하면 미래가 보이지 않는 교회라고 할 수 있는데, 그러나 저는 농촌 교회를 섬기면서 나름대로 분명한 하나의 원칙을 가지고 목회를 해 오고 있습니다.[4]

이것은 그가 교회의 존재를 철저하게 '하나님의 선교'(Missio Dei) 신학의 관점에서 바라보고 있다는 사실을 강조하기 위한 말이다. 즉 그는 선교의 주체가 교회가 아니라 하나님에서 출발하며, 교회는 주체가 아닌 도구로서 역할하기에 교회는 선교 중심적 교회가 되어야 한다고 본다.

그는 현재 한국 교회에 대한 비난의 소리가 높다며, 그 이유는 교회가 세상을 섬기지 못하고 있기 때문으로 본다. 다시 말해 교회가 교인만의 교회가 되어 좀처럼 세상을 위해 봉사하고 섬기는 모습을 보이지 못하기 때문이라는 지적이다. 그래서 그는 지금 교회의 모습과 틀로는 안 된다고 진단한다. 따라서 교회의 조직 개편을 크게 두 가지로 구분해서

---

[3] 박석종, "농촌목회 이야기," 80-82. 박석종 목사는 용학교회에서 12년의 사역을 마무리 하고 지난 2013년 12월 사임하였다. 그 후 2014년 4월 신민주 목사가 부임하여 지금까지 사역하고 있다. 필자는 신민주 목사와 전화로 인터뷰(2017년 11월 18일)하였다.

[4] Ibid., 81.

내부적 사역을 위한 조직과 대사회적 책임을 위한 조직으로 위원회를 다섯 개 구성한다. 이 위원회로는 복지선교위원회, 문화선교위원회, 환경선교위원회, 생명농업위원회, 교회와사회위원회 등이며[5] 각 위원회별 사역을 살펴본다.

3) 공적 참여와 책임을 실천하는 주요 사역(위원회)[6]

(1) 복지선교위원회

① 노인대학

박 목사는 농촌에 노인이 많은 것에 착안하여 노인대학부터 시작하였다. 노인대학은 주 1회 실시하며 반응이 좋다. 금요일 오전 10시에 모여 1시간씩 각 반별로 특별 활동을 한 후, 다시 전체가 모여 30분은 명사(군수, 도의원, 군의원, 면장, 각급 기관장, 목사 등)를 초청하여 강의를 듣고, 1시간 동안 놀이 시간을 갖는다. 이어 자원봉사자가 준비한 점심을 먹는 것으로 끝이 난다. 그런데 노인대학 강사로 군수를 초청한 일이 계기가 되어 지금은 군으로부터 재정 지원을 받아 운영되고 있는 노인대학이 무안군에 20개소에 이른다. 용학교회의 노인대학이 무안군이 "노인천국프로젝트"의 일환으로 추진하는 노인 대학의 모체였던 것이다.

노인대학은 노인의 삶의 질을 향상시키는 측면도 있지만, 교회의 대사회적 이미지를 개선시키는 효과도 있다. 노인이 직접 교회를 홍보해

---

5 Ibid., 81-82.
6 Ibid., 82-90. 이 부분을 요약한 것이다.

주어서 교회가 지역 사회에서도 좋은 이미지를 가질 수 있고 또 목회자가 마을을 심방할 때도 노인대학 학생의 적극적인 도움과 호응이 있어 심방을 잘 할 수 있는 장점도 있다.

② 밑반찬 배달

농촌에는 홀로 살아가는 노인이 많은데 독거 노인의 경우 식사를 거르는 경우가 다반사다. 그래서 독거 노인이나, 노인성 질환(중풍, 치매) 등으로 몸을 제대로 움직이지 못하는 노인을 대상으로 주 1회 약 30가정의 밑반찬을 배달해 준다. 매주 자원 봉사대가 노인대학 식사를 준비할 때 밑반찬까지 함께 준비하도록 했던 것이다. 경비는 외부의 지원을 받을 수도 있지만 자칫 영리화할 수 있다는 판단에 전액 교회 재정으로 충당한다. 밑반찬 배달도 지역 사회에서 교회의 이미지를 개선시키고 동시에 무안노인복지센터 입소 대상자를 발굴하는 데도 도움이 된다.

③ 무안노인복지센터

시작은 2006년도에 '주간 보호'와 '가정봉사파견센터'를 실시할 방안을 모색하던 중 단기 보호, 주간 보호, 가정봉사파견센터까지 종합적으로 할 수 있는 재가복지시설이 있음을 알게 되면서 부터다. 농촌형 재가복지시설 신청서를 제출하고 2007년 가을 공사가 시작되었다. 지방비를 포함하여 3억 4천만 원 규모의 지원을 받았고, 나머지를 교회가 부담하여 총 4억 원의 예산을 들여 2층 건물로 107평의 재가복지시설을 신축하였다. 현재 원장과 10명의 유급 직원이 단기 보호 7명, 주야간 보호 9명, 방문 요양 14명을 돌보고 있다. 단기 보호 대상자가 늘어나는 추세여서 복지관 증축 문제를 계획하면서 재가 복지의 한계를 극복하기 위해 요양원이나 그룹 홈도 구상 중이다.

④ 노인건강증진서비스

노인대학이 잘 되고 있음을 알고 이곳 학생들을 대상으로 건강 증진 서비스 프로그램을 실시하기 위해 전라남도에서 추진하는 사업이다. 이 사업을 광주건강관리협회가 획득하여 본 교회의 교육관에서 실시한다. 일주일에 두 번씩 모여 2시간씩 건강 증진을 위한 서비스를 제공받는다. 그런데 월 1회는 무안군 보건소 차량봉사대 참여와 장애인종합복지관의 반찬 배달과 차량 봉사로 지역 사회와 깊은 연대감을 형성하고 있다.

(2) 문화선교위원회

① 정월대보름 축제

문화선교위원회는 농촌에도 확산되고 있는 향락적이고 퇴폐적인 문화를 일소하고 지역 문화를 건강한 공동체 문화로 바꾸는 것을 목표로 활동하고 있다. 그 일환으로 2004년부터 매년 정월대보름 축제를 갖고 있다. 1회부터 3회까지는 교회가 주관하고 장소도 교회 앞마당에서 축제를 가졌으나 이후 이장 협의회가 주관하고, 장소도 근처 초등학교 운동장에서 갖는다. 이는 불신자의 장소에 대한 거부 반응을 해소하기 위한 목적도 있지만, 장소가 비좁을 정도로 호응이 높아 넓은 장소가 필요한 때문도 있다. 지금은 예산도 군에서 지원받으며, 교회는 후원자의 입장에서 주최 측을 돕고 있다. 이 축제는 지역의 새로운 행사로 자리매김하고 있고, 매년 500명 정도의 지역 주민이 참여한다.

② **사물놀이패**

　용학교회는 사물놀이패를 두 개 운영 중이다. 즉 젊은 층이 중심인 사물놀이패는 교회를 대표하면서 성탄절 등 교회 행사나 각종 축제 현장에서 분위기를 조성하는 역할을 하고 있고, 노인대학에서 운영하는 사물놀이패는 주로 어르신 축제 현장에서 발표회를 갖는 형식으로 운영된다.

③ **게이트볼**

　현재 가장 취약한 부분이 게이트볼이다. 군 예산으로 게이트볼장도 마련했지만 활성화되지 못하고 있는 이유는 농번기에 워낙 바쁘기 때문이고, 겨울 농한기는 휴게실도 없어 너무 춥기 때문이다. 게이트볼 장에 따뜻한 휴게실을 마련하면 활성화될 가능성이 높다.

(3) **환경선교위원회**

　환경선교위원회에서는 창조 질서 회복운동을 목표로 "용학교회 10대 환경수칙"[7]과 "66가지 창조세계보존수칙"을 만들어 생활화하고 있다. 매년 "아나바다 장터"가 계획되기는 하지만 물품의 부족으로 한 차례 열렸을 뿐인데, 도시 교회와의 연대가 절실하다. 또 교회에 쓰레기 분리 수거함을 설치하여 분리 수거를 생활화한다.

---

[7] ① 일회용품을 사용하지 않는다. ② 쓰레기를 분리수거한다. ③ 물이나 전기 등 자원 절약을 생활화한다. ④ 수질을 오염시키는 합성세제의 사용을 줄인다. ⑤ 바다를 오염시키는 폐수를 버리지 않는다. ⑥ 토양을 오염시키는 제초제나 화학비료의 사용을 줄이고 친환경농업을 실천한다. ⑦ 빈 공간에 나무를 심는다. ⑧ 외국 농산물을 먹지 않는다. ⑨ 검소한 생활을 한다. ⑩ 환경지킴이 활동을 생활화한다. 박석종, "농촌목회 이야기," 89에 각주 참고.

(4) 생명농업위원회

본 위원회는 제초제, 농약, 화학 비료를 사용하지 않음으로 땅을 지키고 품질, 맛, 안정성을 목표로 경쟁력 있는 농산물을 생산하기 위해 활동하는 위원회다. 교인으로만 구성된 영농조합법인 '해뜰 공동체'가 중심이 되어 있는데, 해뜰 공동체는 6년 전에 조직되어 공동으로 농업 자재를 만들어 사용하고 있으며, 유기농 농산물 인증을 받아 쌀을 비롯한 다양한 농산물을 공동으로 생산하고 있다. 그러나 생산-가공-유통을 전적으로 책임지지 못하는 한계로 인해 그 활동이 미미한 편이다.

(5) 교회와사회위원회[8]

교회 내에서 제기되는 여러 문제와 교회 외부 영역, 즉 지역 사회에서 야기되는 다양한 이슈에 관심을 갖고 함께 토의한다. 그리고 교회 차원에서 실천할 수 있는 일을 선별해서 교회에게 주어진 공적 책임을 감당하고자 한다.

4) 공공신학적 평가

용학교회의 실천 사례에 대한 공공신학적 의미와 그 가치는 다음과 같다.

첫째, 용학교회는 세상을 위해 봉사하고 섬기는 교회로 평가된다.

---

8 신민주 목사는 지금은 이 위원회의 활동이 저조한 편이어서 교회와 당회 차원에서 접근하고 있다고 한다. (2017년 11월 18일 전화인터뷰)

이것은 교회가 하나님 나라의 도구로 쓰임받기를 바라는 목사의 목회 철학과 '하나님의 선교'(missio Dei)에 기초한 교회론에서 출발한다. 지금 한국 교회가 세상으로부터 비판을 받고 있다는 정확한 문제 의식을 통해 교회가 다시 세상을 섬기기 위한 실천에 나섰다는 측면에서 의미가 있다.

둘째, 지역 사회를 향한 봉사와 섬김을 위해 전통적인 교회의 구조를 개편하였다는 점이다. 즉 기존의 교회 조직으로는 한계가 있음을 인정하고 교회 내부 활동을 위한 조직과 지역 사회에서 참여와 책임을 위한 조직으로 개편한 것이다. 교회의 대사회적 기능을 강화하기 위해 다섯 개의 위원회를 구성하고 교회의 공적 책임을 실천하게 된다. 대부분의 교회는 자신이 가진 여러 자원이 결국 방향을 안으로 향하게 하여 자신을 향하는 구조를 갖고 있고, 교인의 헌신도 결국 개교회를 위한 일에만 집중하는 경우가 많다. 그러나 이처럼 교회 조직과 기구를 아예 지역 사회와 소통하며 함께 활동할 수 있는 형태로 개편하는 것은 변화를 위한 적극적인 실천이다.

셋째, 용학교회의 지역 참여는 지역 사회가 직면한 문제에 대해 구체적으로 접근하고 있다는 사실이다. 우선 지역 사회가 안고 있는 공적 주제라 할 수 있는 농업 관련 문제에 교회가 책임 있게 대응한다. 즉 농업 활동에서 친환경 활동을 선호하고 환경 파괴와 생태계 오염을 막기 위해 교인과 함께 노력한다는 것이다. 그리고 고령화 사회에서 발생하는 노인 복지와 관련된 활동을 통해 노인의 삶의 질을 향상시킨다. 이 같은 역할은 지역 사회의 문제 해결을 돕고 이를 통해 교회의 선교적 목표도 이루어 가는 좋은 모델이 된다.

넷째, 지역 사회 내의 향락 퇴폐 문화를 막아내고 대신에 건강한 지역 공동체 문화 형성과 발전을 위해 교회가 나선다는 점이다. 즉 지역 주민이 건전하게 교제할 수 있는 장소를 마련해 주고, 지역 축제를 개최하는 등 적극적인 노력을 보인다.

다섯째, 평신도 교육을 통해 신자로서 그리고 사회 일반 시민으로서의 바람직한 삶을 살도록 돕는다. 자연 생태계 보존을 위하여 "10대 환경수칙"과 "66가지 창조세계보존수칙"을 만들어 이를 실천하도록 하고 있다.

여섯째, 교회가 지역 사회 안에서 고립적으로 역할하지 않고 지역 주민이나 공공 기관과 더불어 일하는 모델을 찾아 실천하고 있다. 이런 노력은 지역 사회 내에서 교회의 이미지 개선에도 큰 도움이 될 것으로 기대된다.

한편, 해결해야 할 과제로는 작은 단위의 농·어촌 지역 교회로서 지속적으로 충원되어야 할 활동 교인 확보의 문제다. 더욱이 장년부의 70%가 70세 이상을 차지하는 고령화된 교회가 맞고 있는 현실적인 고충이기도 하다. 각 위원회에 참여해서 활발하게 일할 멤버의 확보가 안되면, 미래의 위원회 사역은 위기에 직면할 수 있을 것으로 우려된다.[9]

2. 오아시스교회(Oasis Church, LA)

1984년 4월에 캘리포니아 로스앤젤레스 인근 베버리힐스 한 가정집에서 10명이 성경 공부를 하며 시작된 오아시스교회는 현재 교인 수

---

[9] 현재 교회를 담임하고 있는 신민주 목사도 본 연구원과 전화인터뷰에서 이점을 걱정한다. 그는 실제 활동 교인이 줄고 있어서 각 위원회 일은 예전만 못하다고 말한다.

3,500명에 이른다. 지난 2014년 윌셔대로와 노먼디애비뉴가 만나는 곳에 있는 유서 깊은 교회 건물로 이전했는데, 이 건물은 1927년 지어진 LA의 대표적 종교 건물로 LA 역사 · 문화기념물 209호이기도 하다.[10]

1) 교회 소개[11]

오아시스교회는 필립 와그너(Philip Wagner) 목사와 그의 아내 홀리 와그너(Holly Wagner)가 1984년에 LA 사람들이 하나님의 사랑과 은혜를 체험하기를 소망하며 시작하였다. 교인의 70% 가량이 20-30대로 구성돼 있으며, 서로 다른 인종과 문화적 배경을 가진 사람들이 함께 모인 다인종 · 다문화지만 전혀 어색함 없이 함께 예배를 드린다. 특히 교회 내와 주변 LA지역 사역을 "커넥트 그룹"이라는 50개의 소그룹을 통해

---

10 "ABOUT," http://www.oasisla.org/about/ (2017년 10월 4일 접속); "한인타운에 미국 대형 교회 들어선다," http://www.chpress.net/detail.asp?id=8163&cate= (2017년 9월 19일 접속). 다음은 오아시스교회의 Nicole Reyes 목사의 말이다: "우리 교회는 다른 교회와 다르게 여러 인종이 함께하지만 사랑과 축복이 넘친다. 진정한 다문화의 조화를 오아시스에서 발견할 수 있다. 청년은 대부분 어린이 때부터 중학교와 고등학교의 청소년 시기를 같이 보냈다. 자연스럽게 성인 그룹으로 이어졌고 당연히 결속력이 강할 수밖에 없다. 지금도 그런 면에서 성장을 계속하고 있다"고 말했다. 실제로 Reyes 목사는 19살 때부터 교회에 출석하기 시작해 지금은 오아시스교회의 부목사로 섬기고 있다. "한인도 다수 출석하느냐"는 질문에 Reyes 목사는 "정확한 통계는 아직 없다. 워낙 여러 인종이 함께하기 때문에 특별히 따로 한인을 위한 모임이나 예배는 없다. 몇 년 전부터는 스페인어 번역을 제공하기 시작했다. 아직 한인은 극소수지만 더 많아지면 한국어 번역도 제공하기를 희망한다." "오아시스교회, 다인종 다문화 특징," http://www.christiantoday.us/sub_read.html?uid=22557&section=sc135 (2017년 9월 19일 접속).

11 "ABOUT," http://www.oasisla.org/about/ (2017년 10월 23일 접속); "오아시스교회, …," http://www.christiantoday.us/sub_read.html?uid=22557&section=sc135 (2017년 9월 19일 접속). 필자는 아내와 함께 2017년 6, 7월 두 달간 오아시스교회 주일 예배에 참석하였다. 오래된 전통 교회 건물이지만 안의 분위기는 현대적인 조명, 음악, 대형 스크린, 열정적인 찬양팀의 찬양과 율동 등이 함께 조화를 이루고 있었다. 회중은 젊고 다양했으며 주일 말씀 선포자로는 담임목사와 부목사 1명 또 4-5명의 게스트 스피커도 볼 수 있었다.

연결해 간다. 동시에 LA지역의 가정불화 등으로 홀로 남은 아이와 노숙자에게 식료품과 의류 등을 제공하는 일을 비롯한 교회 밖 영역에 대한 관심과 참여가 높다. 또 해외 선교 봉사에 많은 교인이 직간접적으로 동참하며 교회에 주어진 공적 책임을 실천한다.

2) 목회 철학

오아시스교회가 가진 주요 가치는 관용(Generosity), 성실(Integrity), 명예(Honor), 탁월성(Excellence), 자비(Compassion) 등이다.[12] 이같은 가치를 바탕으로 지역과 해외의 가난한 사람을 섬기고, 교회 내외적인 문제 해결을 위한 참여와 책임의 신념을 실천한다. 특히 지난 2014년 「라이즌」(Risen) 잡지사와 와그너 목사 부부가 인터뷰했는데, 여기서 와그너 목사의 목회 철학을 읽을 수 있다.

첫째, 교회 회중의 인종적 다양성에 관해 차이점을 사랑한다.
둘째, 건강하고 지속 가능한 사역을 위해서는 대화와 함께 소통하는 것이 우리의 목표다.
셋째, 사역에서의 책임이 중요하다.[13]

---

12 "ABOUT," http://www.oasisla.org/about/ (2017년 10월 23일 접속).
13 "Oasis Church Pastors Philip and Holly Wagner," http://www.risenmagazine.com/oasis-church-pastors-philip-holly-wagner (Written by Kelli Gillespie, 2017년 11월 5일 접속). 첫째, "We love the differences and it makes everything very fun. I love it and I believe that this is the way it should be," 둘째, "It's not a science, it's hard to tell people what they should do, but our goal is communication," 셋째, "responsibility in the ministry"이다. 그리고 여기서 최근에 Wagner 목사가 쓴 책 *Love Works*에 관해 또 2008년 Generosity Water라는 비영리 단체를 통한 우물 프로젝트에서 18개국, 600곳 이상을 지원한 계기 등에 관한 인터뷰 기사를 볼 수 있다.

또한 그는 2016년 LA 기독교방송(CBSLA)과의 인터뷰에서 당시 미국에서 일어난 흑인 사회와 경찰 사이의 폭력 사태를 우려하며 우리 사회 안에서의 소통의 중요성을 강조한다.

> 만약 사람이 존중과 돌봄을 받는 다고 느끼지 못하면, 좌절과 분노감의 표출로 나타나기에 모두 함께 귀 기울여야 한다. … 폭력의 해결책은 서로의 이야기에 귀를 기울이는 것으로 시작된다.[14]

3) 공적 참여와 책임을 실천하는 주요 사역

오아시스교회는 개교회의 규모를 계속 키우는 데 집중하지 않고 지속적으로 이웃과 나누며 지역 사회에서 빛과 소금의 역할을 실천하는 교회다. 구체적인 사역으로는 다양한 사람이 공통의 관심사를 중심으로 모이는 50개의 커넥트 그룹이 있다. 동시에 국내외 선교 봉사를 목적으로 이루어지는 다섯 가지 종류의 사역으로 대별할 수 있다.

(1) 커넥트 그룹(Connect Groups)[15]

커넥트 그룹은 현재(2017년 11월) 50개가 존재한다. 이 중에서 교인

---

14 "Local Churches Preach Messages Of Hope, …Recent Violence," http://losangeles.cbslocal.com/2016/07/10/local-churches-preach-messages-of-hope-inclusion-acceptance-in-wake-of-recent-violence/ (2017년 11월 22일 접속).

15 오아시스교회 주일 예배 후, 그로스트랙을 마치고 사역하는 인턴 목사 Elliot과 그의 동역자 4명을 만났다. 인터뷰를 통해 교회가 운영하는 프로그램과 부서 활동에 대해 들을 수 있었다(예, 새신자를 훈련시켜 사역자로 양성하는 성장 코스/growth track, 여러 연결 그룹/connect group). Interview with Elliot @BCD Tofu on July 2, 2017, 2:30 – 3:40pm.

의 성장을 목표로 활동하는 성장 트랙(Growth Track)은 하나님과의 관계 및 순수한 우정 증진 그리고 목적을 가진 삶을 살도록 돕기 위한 과정으로 준비된다. 이어 제공되는 오아시스 리더십 프로그램(OLP)은 실제적인 사역 경험을 통한 집중적인 리더십 개발을 목적으로 한다.[16] 50개 커넥트 그룹 중에서 이 책의 주제와 연관되는 그룹은 다음과 같다.

- 알렉산드리아 하우스를 섬기는 봉사 그룹
- 여성기업가 모임
- 하나님이 어떻게 돈에 대하여 말씀하고 계신지를 바탕으로 재정에 관해 공부하는 코스와 비디오를 통한 공부 모임
- 글로벌 미션에 자원 봉사자로 봉사하는 그룹
- 집을 위한 마음이라는 그룹으로 교회 청소/페인트/수리 등으로 봉사하는 모임
- 할리우드 노숙자 아웃리치 팀
- 코리아타운 노숙자 아웃리치 팀으로 교회 주변 노숙자에게 물품 제공/기도로 돌봄 제공하는 그룹
- 오아시스 식료품 저장실(Oasis Food Pantry)로서 노숙자에게 일용품/스낵백을 제공하는 그룹
- 혼자 아이를 키우는 남자들을 위한 그룹[17]

---

16 "GROWTH," http://www.oasisla.org/growth/ (2017년 11월 23일 접속).
17 "GROUPS," 맨 밑에 Search 박스를 클릭하면 50개 커넥트 그룹을 모두 볼 수 있다. http://www.oasisla.org/groups/ (2017년 11월 20일 접속).

(2) 토요일 로컬 아웃리치(Saturday Local Outreach)[18]

매주 토요일에 모여 LA 주변에서 봉사하는 전체 아웃리치 프로그램은 6개로 나뉘어 운영된다.[19] 봉사 활동 시간은 오전 10시부터 오후 1시까지이며, 아웃리치 팀원이 주변 이웃과 커뮤니티를 섬기고 있다. 더욱이, 교회가 LA 한복판에 자리함으로써 도심 속에서 펼쳐지는 다양한 활동에 쉽게 참여할 수 있다는 장점도 십분 활용된다. 현재 토요일에 진행되는 로컬 아웃리치는 다음과 같다.

첫째, 컨버레슨 홈(Convalescent home)으로서 병가 후 혹은 수술 후 회복기에 있는 환자를 방문해서 같이 예배드리고 찬양과 기도와 대화를 통한 치유를 돕고 위로를 주는 사역이다.

둘째, 이웃을 위한 청소 사역으로 **네이버훗 클린업**(Neighborhood cleanups)이라 부르며 교회 주변의 이웃을 위해 쓰레기를 줍고 청소하는 봉사로 쾌적한 지역 환경을 만들기 위해 활동한다.

셋째, LA경찰국 청소 프로그램(LAPD station cleanups)은 경찰국 안팎 쓰레기를 줍고 청소하는 사역으로 이를 통해 지역 관공서와 교회가 좋은 관계를 유지하게 된다.

넷째, 일용품 전달 프로그램(Delivering groceries)은 거대 식료품 회사에서 잡화 등을 지원받아 가난한 이웃에게 나눔으로써 그들에게 실질적인 도움을 준다.

다섯째, 알렉산드리아 하우스(Alexandria House)는 응급 보호 기관에

---

18 "SATURDAY OUTREACH," http://www.oasisla.org/outreach/ (2017년 11월 20일).
19 이메일로 받음: Email from outreach@oasisla.org (July11TH2017@10:26AM).

거주하는 여성과 어린이에게 경제적 안정과 영구 주택으로 이동하기까지의 안전한 주거 환경을 제공하는 곳인데, 여기서 봉사 활동을 한다.

여섯째, 유니온 레스큐 미션(Union Rescue Mission)은 노숙자를 위한 프로그램으로 교회가 그들을 찾아 음식을 나누며 대화하는 가운데 복음을 전하는 프로그램이다.

위의 여섯 가지 중에 지역 교회의 공적 참여와 책임과 관련해 주목할 만한 사역은 다음 세 가지다.

첫째, LA경찰국 청소 프로그램(LAPD station cleanups)으로 지역 관공서와의 소통과 협력의 길을 열 수 있다는 측면이 있다.

둘째, 유니온 레스큐 미션(Union Rescue Mission)은 사회적 약자가 교회를 찾아 도움을 청할 때까지 기다리는 대신 교회가 그들을 찾아간다는 점에서 적극적인 책임 수행의 의미가 있다.

셋째, 알렉산드리아 하우스(Alexandria House)[20]는 그들이 의도적으로 지향하는 바가 다문화적이고 동시에 반인종차별적이라는 가치 때문이다. 이것은 현대 교회가 고민해야 할 주제다.

---

20 "About Us," http://www.alexandriahouse.org/ (2017년 11월 21일 접속). 여기에 따르면, 1996년에 설립된 알렉산드리아 하우스는 과도기적 주거지이자 회복을 위한 집이다. LA지역을 넘어 더 넓은 이웃 지역까지 그 혜택을 제공하려 한다. 특히 여성과 어린이, 매일 도움을 필요로 하는 이웃을 돕고자 하며, 목표는 지역 사회 중심의 과도기적 주택과 주민 센터(our goal is to be a community-oriented transitional house and neighborhood center)가 되는 것이다. 알렉산드리아 하우스 프로그램을 거쳐 간 여성 중 92% 이상이 재정적 안정과 영구 주택 마련에 성공하였다.

(3) 주택 공급하기(PATH-People Assisting The Homeless)[21]

노숙자를 돕는 사람들(PATH)은 1984년 설립된 이후 지금까지 노숙자 없는 개인과 가정과 지역 사회를 목표로 일하고 있다. 따라서 PATH 서비스는 노숙자 개인과 가족이 길거리 생활에서 자신의 집으로 성공적으로 전환하기 위해 필요한 지원을 제공한다. 지원 서비스는 도움이 필요한 사람이 영구 주택으로 이사하는 것을 넘어서 장기간 머물 수 있게 한다.

PATH가 제공하는 서비스 대상은 현재 노숙자이거나 장차 노숙자가 될 위험에 노출되어 있는 모든 사람이다. PATH 사역의 구체적인 현황을 숫자를 통해 보면, 2013년 1월부터 2017년 3월까지 2,898 가정, 2,295 퇴역 군인, 2,123 개인, 총 7,316명의 입주를 도왔다. 한편 영구 주택 건설은 완공된 곳이 12지역에 674개, 건설 중인 곳이 2지역에 105개, 완공 예정인 곳은 5지역에 340개 따라서 총 1,119 주택 등이다.[22]

오아시스교회는 PATH 서비스를 통해 가난한 이웃을 위한 온정의 말을 넘어 구체적으로 그들의 기본적인 주거 문제를 돕고 있다.

(4) 해외 봉사 및 선교(GLOBAL OUTREACH & MISSIONS)[23]

오아시스 글로벌 아웃리치(Oasis Global Outreach)는 세계 여러 나라에서 봉사하는 다양한 사역 단체와 협력 관계를 맺고 있다. 특히 멕시코,

---

21 "What is PATH?," http://www.epath.org/site/main.html (2017년 11월 21일 접속); "A Focus on Housing-TRANSFORMING LIVES," http://www.epath.org/site/WhatIsPATH/focus-on-housing.html (2017년 11월 21일 접속).

22 "Making It Home by the numbers," http://www.epath.org/site/main.html (2017년 11월 21일 접속).

23 "About Global Outreach & Missions," http://www.oasisla.org/outreach/ (2017년 11월 22일 접속).

우간다, 아이티 등이며, 이중에 멕시코는 2017년 8월에 또 아이티는 7월에 각각 현장을 방문했다. 오아시스교회는 해외의 열악한 지역의 주민을 향해 나아가며 필요를 공급하고 복음을 전한다. 이를 위해 선교 봉사자를 직접 보내는 일과 동시에 이미 그곳에서 일하는 개인이나 단체와 협력하는 파트너십 선교를 하고 있다.

(5) 우물 파기(Generosity Water)[24]

필립 와그너가 2008년 설립한 비영리 단체로서 전 세계에 깨끗한 물 공급을 목표로 일한다. 와그너 목사는 비위생적인 물을 "일급 고의 살인자"(the number one killer)라 부른다.[25] 우물 파기 사역은 깨끗한 물을 확보하는 것을 빈곤 퇴치의 첫 걸음으로 보며, 현재 6억 6,300만 명이 깨끗한 물을 얻지 못하고 있다고 분석한다. 특히 개발 도상국에서 발생하는 질병 발생 원인 중 80%가 깨끗한 물과 위생 시설 부족으로 인한 것이며 이 수치는 전쟁과 에이즈와 기근을 모두 합친 것 보다 많은 수치다. 그래서 이 사역은 크게 두 가지 측면에서 그 의미를 두고 있다.

첫째, 물 위기는 개발 도상국의 교육 향상에 큰 걸림돌로 작용한다는 점이다. 깨끗한 물을 길어오고 또 물과 관련된 질병과 싸우는 일에 어린 아동의 시간이 너무 많이 빼앗기기 때문에 이들의 학교 출석이 점점 어려워지게 된다.

---

24 "WHY WATER?," https://generosity.org/; https://generosity.org/why-water/ (2017년 11월 24일 접속).

25 "Oasis Church Pastors Philip …," http://www.risenmagazine.com/oasis-church-pastors-philip-holly-wagner (2017년 11월 5일 접속). 비위생적인 물은 많은 사람에게 질병을 일으키고 건강을 악화시키는데, 특히 어린이 사망의 가장 큰 원인이 된다.

둘째, 물을 길어오는 일은 종종 여성의 노동이나 교육을 방해한다. 여성이 물을 얻기 위해 장거리를 걷는 것은 성폭행의 위험을 증가시키고 적절한 위생 시설이 없기 때문에 어린 소녀가 학교를 그만 두는 주된 요인이 되고 있다. 따라서 깨끗한 물을 쉽게 구하는 일은 여성이 남성과 동일한 기회를 얻도록 돕는 일이기도 하다.

개발 도상국의 어린이와 여성은 물을 얻는 데만 매일 6킬로미터를 걷는다. 이 때문에 깨끗한 물 공급은 이들 모두의 고역을 덜어 주는 일이다. 또한 어린이와 여성이 배우고, 성장하고, 생산적인 일에 관여할 수 있도록 기회를 만들어 주는 사역이기도 하다. 오아시스교회는 현재까지 20개 개발 도상국에 780개 우물을 파서 45만 명에게 깨끗한 물을 공급하고 있다.[26]

(6) 와토토(Watoto)[27]

게리(Gary)와 매릴린 스키너(Marilyn Skinner)가 설립한 와토토(Watoto)는 1984년 우간다의 캄팔라(Kampala) 지역 와토토교회에서 출발한다. 그 후 1994년 와토토 어린이 돌봄 사역(Watato Child Care Ministries)은 바로 이 와토토 교회로 인해 이 지역의 한 작은 집에서 시작된다.[28] 이렇게 시작된 와토토는 희망과 변화와 능력 증대의 이야기로서 1994년부터 수천 명의 불우한 아동과 성인의 삶을 조정하고 잠재력을 깨닫게 하고

---

26 "ABOUT," http://www.oasisla.org/about/ (2017년 10월 23일 접속).
27 "About," https://www.watoto.com/about/ (2017년 11월 25일 접속).
28 "Our History," https://www.watoto.com/about/ (2017년 11월 25일 접속). 캄팔라에서 남쪽으로 8km 떨어진 외곽 지역인데, 바로 이곳에서 8명의 고아와 미망인 한 사람이 새로 가족을 이루는 것으로 시작되었다.

있다. 현재 와토토 사역은 두 가지로 집약된다.

첫째, 와토토 어린이 돌봄 사역은 지금까지 4,000명 이상의 고아 및 취약 아동을 돌보고 있다. 그런데 이들 중 상당수는 변호사, 교사, 컴퓨터 과학자, 언론인, 농민 및 의사가 되었다. 그들이 받은 보살핌과 교육의 결과로 이제 그 사회에 긍정적인 방식으로 영향을 미치고 있다.

둘째, 와토토 리빙 호프(Living Hope)는 취약한 여성에게 생계를 유지하고 자녀를 돌볼 수 있도록 지원한다. 지금까지 리빙 호프는 약 3,000명의 취약 여성에게 문자와 경영 또는 기술 교육을 통해 회복의 기회가 제공되도록 하였다. 그 결과 15,000명이 넘는 자녀가 더 나은 삶의 기회를 얻게 되었다.

4) 공공신학 평가

오아시스교회의 사례를 통해서 고찰할 수 있는 교회의 공적 책임의 실천과 관련된 긍정적인 측면을 살펴보면 다음과 같다.

첫째, 다양성과 대화와 소통과 책임을 중요시하는 점이다. 이로 인해 목사 부부가 33년 동안을 젊고 다양한 인종과 문화적 배경을 가진 사람들과 함께 다인종,다문화 목회를 모범적으로 이끌어 올 수 있었다.

둘째, 오아시스교회는 교회 안에 머물려 하기보다는 교회 밖의 영역을 향해 지속적으로 관심과 참여와 책임을 실천한다. 이웃과 해외를 향해 교인이 직간접적으로 교회에게 주어진 공적 책임을 실천하고 있다.

셋째, 일회성 행사가 아니라 매주 정기적으로 LA경찰국을 청소하고, 사회적 약자를 찾아 나서며, 그들의 다문화적/반인종차별적 가치를 실천한다는 사실이다. 이같이 교회의 공적 책임을 수행하는 모습과 동시에 서로 소통과 협력하는 태도는 교회의 대사회적 이미지 개선에 긍정적으로 기여한다.

넷째, 이웃 사랑의 계명을 적극적으로 실천한다. 즉, PATH 서비스를 통해 노숙자를 위한 말만의 복지가 아닌 그들의 주거 문제까지 교회가 나서서 해결하고 있다. 교회가 교회 자체를 위해 사용해야 할 건물 마련이나 혹은 이미 구입한 건물을 리모델링하는 일도 필요하고 중요하다. 동시에 교회가 자리한 지역 사회에 소외되고 가난한 이웃이 최소한의 삶을 확보할 수 있도록 그들의 삶의 편의를 돕는 일 역시 외면할 수 없다.

다섯째, 다른 단체나 기관과 서로 협력하는 파트너십을 통해 선교 봉사 활동을 전개한다. 와그너 목사는 2008년 비영리 단체를 설립해 열악한 국가의 주민에게 위생적인 물을 공급하고 또 와토토 사역을 통해 이들 지역의 불우한 어린이와 여성의 건강과 회복을 돕는다. 이것은 직접 선교사를 파송하지 않고도, 이미 그곳에서 활동하고 있거나 더 잘할 수 있는 개인 혹은 기관과의 협력 선교란 관점에서 주목할 만하다.

다음으로, 보완이 요구되는 사항은 교회 밖 특히 정치 사회 영역에서 지역 교회의 책임 문제다. 예를 들면, 공동선을 위해 NGO와 협력하는 모습이라든지 혹은 법 개정과 제정을 위한 참여 그리고 지역이나 중앙 정치 무대에서 활동하는 정치인에 대한 지지 혹은 감시의 역할이 중요하지만 이에 대해 소극적이란 점이다.[29] 공적 교회로서 교인의 의견

---

29   필자가 2017년 6월 18일, 오아시스교회 주일 예배에 참석했을 때 캘리포니아 34지구 연방

수렴 과정을 통해 여러 정치,사회적 이슈에 대한 윤리적 대안을 제시하고 이를 함께 실천하도록 하는 데까지 나가야 하는 과제의 인식도 필요하다.

3. 리디머장로교회(Redeemer Presbyterian Church, NY)[30]

1989년 초 뉴욕 맨해튼의 아파트에 신자 15명이 팀 켈러(Timothy J. Keller) 목사를 중심으로 매주 모임을 갖기 시작하였다. 당시 이 지역은 살인과 마약 등 강력 범죄가 난무한 세속적인 도시였는데, 이 도시를 복음으로 변화시키겠다며 도심 한복판에 리디머장로교회를 세우고 하나님의 이름으로 도전장을 내밀었다. 이후 리디머장로교회는 다양한 분야에서 교회의 사회적 책임을 실천하는 교회로 자리매김하며, 현재 교인 5,000명이 모이는 교회로 성장하기에 이르렀다. 팀 켈러 목사는 지난 2017년 7월 은퇴하였고, 지금은 존 린(John Lin) 목사를 중심으로 사역을 이어간다.

하원 보궐 선거에 출마했던 Robert Lee Ahn을 이곳에서 만났다. 그는 "이 교회 교인은 아니지만 지난 선거 때 많이 도와주었던 일에 감사하기 위해 왔다"고 했다. 그러나 이후 엘리엇과 인터뷰 그리고 웹 사이트 방문을 통해 오아시스교회의 사회/정치 영역에 참여와 관련한 내용을 확인하고자 했으나 볼 수 없었다. 그래서 이 문제에 대한 궁금증 해결을 위해 교회를 다시 방문하여 Wes Dunn 부목사를 만나 인터뷰하였다. 그의 대답은 "NGO와 협력은 웹 사이트에 소개된 내용"이고, 나머지 두 질문에는 "공식적으로 하지 않는다"고 밝혔다(2017년 12월 3일, @오아시스교회 예배당, 2:40-3:00pm).

30 "Redeemer history," https://www.redeemer.com/learn/about_us/redeemer_history (2017년 11월 13일 접속); "Welcome to Redeemer Downtown!," http://downtown.redeemer.com/ (2017년 11월 13일 접속).

1) 교회 소개

리디머장로교회는 복음 지향적 소그룹을 목표로 도시 중심부(Downtown), 도시 동부(East side), 도시 서부(West side)의 교회 세 곳과 링컨 스퀘어(Lincoln Square congregation) 등으로 지교회를 나누고 지역 주민을 위한 사역에 초점을 맞추어 왔다.[31] 그런데 2017년 부활 주일 리디머 링컨 스퀘어(Redeemer Lincoln Square)를 시작으로 앞으로 총 9개의 지교회가 더 생겨날 예정이다.[32] 교인 중에는 맨해튼의 각 분야에서 활약하는 변호사와 예술가 등 20-30대 전문직 종사자가 다수 있다.

따라서 「크리스천포스트」는 리디머장로교회에 대해 "맨해튼에서 가장 생기 넘치는 회중"이라는 평가를 내놓고 있으며, 지난 2006년에 "교회 보고서: 가장 영향력 있는 교회 50"에서 16위를 차지하기도 하였다.[33] 한편 이 교회의 중심 사역이라 할 수 있는 "시티 투 시티(City to City) 교회 개척 프로그램"을 통해 전 세계 여러 도시에 아주 많은 교회를 개척하는 데 도움을 주고 있다.

---

[31] "CHURCHES," https://www.redeemer.com (2017년 11월 13일 접속). 웹사이트를 방문하면 "회의론자 환영"(Skeptics Welcome)이란 문구를 본다. 교회 직원 Rachel은 필자에게 전화와 이메일을 통해 "지금 담임목사가 바뀌고 나서 변환기(transitional period)를 맞고 있다"고 말하였다: W83 ⟨w83@redeemer.com⟩ (date: Fri, Nov 17, 2017 at 5:34 AM).

[32] "Tim Keller Stepping Down as Redeemer Senior Pastor," http://www.christianity today.com/news/2017/february/tim-keller-stepping-down-nyc-redeemer-senior-pastor.html (2017년 11월 14일 접속). 2017. 2. 26. *Christianity Today*와 퇴임 인터뷰에서 밝힌 내용이다.

[33] "이색 교회 탐방-리디머장로교회," http://www.koreadaily.com/news/read.asp?art_id=282937 9 (2017년 11월 13일 접속).

2) 목회 철학

리디머장로교회는 교리적 측면과 동시에 문화적 맥락을 함께 살피며 사역하는 교회다. 즉 복음에 대한 이해, 특정 지역 문화에 대한 성찰에서 사역이 작동한다. 교회의 비전 선언문은 이렇다.

> 리디머장로교회와 사역은 복음운동을 통해 모든 사람을 위한 위대한 도시 건설을 돕기 위해 존재하는데, 이것은 개인적인 회심, 지역 공동체 형성, 사회 정의와 문화적 갱신을 뉴욕과 전 세계 속에 가져오도록 하는 것이다.[34]

이어서 비전의 실현을 위한 결의를 다음의 네 가지로 제시하고 있다.

> **첫째**, 정체성은 예수 그리스도의 교회(A church of Jesus Christ)라는 고백에 있다.
> **둘째**, 추구하는 사역은 모든 사람을 위한 훌륭한 도시 건설을 돕는 것(To help build a great city for all people)이다.
> **셋째**, 다이내믹은 복음의 운동(A movement of the gospel)[35]에 있다.

---

[34] "Our vision," https://www.redeemer.com/learn/vision_and_values (2017년 11월 17일).
[35] 복음운동을 위한 구체적 전략으로는 개인적 회심(Personal conversion), 지역 공동체 형성(Community formation), 사회 정의(Social justice), 문화 갱신(Cultural renewal), 운동(Movement) 등을 강조한다.

넷째, 뉴욕시를 통해, 세계로(Through it, the world)[36]

다음은 핵심적 가치 선언이다.

리디머장로교회는 예수 그리스도의 복음운동을 통해 뉴욕시를 섬기고 새롭게 되기로 결심한 변화된 사람들의 중심도시 공동체이다.[37]

이어서 핵심 가치에 관해 구체적으로 아래와 같이 설명한다.

1. 복음 중심(Gospel Centrality)

2. 변화된 삶(Changed Lives)

3. 복음 공동체(Gospel Community)

4. 도시 비전(City Vision)

5. 자비와 정의(Mercy and Justice)

6. 문화적 갱신(Cultural Renewal)

7. 외부 지향(Outward Face)

8. 복음운동(Gospel Movement)

9. 교회 개척(Church Planting)[38]

---

36 "Our vision," https://www.redeemer.com/learn/vision_and_values (2017년 11월 17일).

37 "Our eight core values," https://www.redeemer.com/learn/vision_and_values (2017년 11월 17일 접속).

38 "Our eight core values," https://www.redeemer.com/learn/vision_and_values (2017년 11월 17일 접속). "8가지 핵심 가치" 후에, "#9. 교회 개척"이 추가된 것으로 보인다.

28년간 담임 목회를 했던 팀 켈러 목사는 도시가 갖는 전략적 중요성에 관해 잘 이해하고 있는 목회자다. 따라서 그는 지역 교회가 여러 다양한 도시 문화에 참여할 필요성을 강조해 왔다. 그의 교회의 주된 목표는 목회자에게 도시에서 나오는 세속적인 영향을 두려워하기보다 도시를 진정으로 사랑하는 방법을 가르치는 것이고, 그래서 그는 변화를 위한 간접적인 접근법을 지지한다.[39]

특히 그는 기독교 교리와 실천 사이의 중간 지대, 즉 신학과 문화를 깊이 성찰하는 공간을 놓쳐서는 안 된다며, 바로 이 지점에서 교회의 독특한 사역의 모습이 결정된다고 본다.[40] 한편 켈러 목사는 현재 리디머장로교회가 맞고 있는 변화는 1997년으로 돌아가 리디머장로교회의 비전 계획을 따르는 것이라는 입장이다. 따라서 "이것은 승계 계획이 아니라, 메가처치가 되지 않기 위한 비전"이라고 한다.[41]

그는 메가처치로 가게 되면, 복음이 중심이 되고 회중이 주도하는 교회의 전통이 훼손될 것을 우려한다. 그래서 평신도 리더십의 열정과 가능성을 열어 주기 위해서라도 교회가 작아져야 한다고 강조한다. 십

39　"Preaching the Word and Quoting the Voice," http://www.nytimes.com/2006/02/26/nyregion/preaching-the-word-and-quoting-the-voice.html (2017년 11월 18일 접속). 이어 Keller 목사는 "봉사하기 전에 힘을 구한다면 힘을 얻지 못하거나 봉사하지 못하게 될 것"이라며, "힘을 얻는 것 이상으로 사람들에게 봉사하기를 원한다면 사람들에게 봉사할 뿐 아니라 영향력도 얻게 될 것"이라 말한다. Interview with NY times(By MICHAEL LUO FEB. 26, 2006).

40　"세속 도시 뉴욕을 '안디옥'으로 만들다," http://news.kmib.co.kr/article/print.asp?arcid=0923504972 (2017년 11월 18일 접속). Keller 목사는 이 '중간 지대'를 '미들웨어'로 불렀다.

41　"Tim Keller Stepping Down as Redeemer Senior Pastor," http://www.christianitytoday.com/news/2017/february/tim-keller-stepping-down-nyc-redeemer-senior-pastor.html (2017년 11월 14일 접속). Keller 목사는 이 인터뷰에서 "복음은 언제나 보내고 나눠 주며 살아 있는 힘이라며, 자신이 지금 새로운 길로 보냄을 받는 것처럼, 리디머장로교회의 모든 구성원도 이 위대한 도시를 사랑하고 섬겨야 한다"고 당부했다.

년 전, 「크리스채너티투데이」의 기사를 인용하고 싶다.

> 만약 복음주의 기독교인이 도시에 대한 사랑과 자비와 정의에 대한 헌신과 이웃에 대한 사랑을 폭넓게 이해하게 되면, 지금부터 50년 후에, 팀 켈러 목사는 새로운 도시 기독교인의 개척자로서 기억될 것 ….[42]

3) 공적 참여와 책임을 실천하는 주요 사역

리디머장로교회의 주요 사역을 보면, 도시 문화 속에 복음을 어떻게 가져갈 것인가에 대한 확고한 비전이 깔려 있다. 켈러 목사가 뉴욕 맨해튼에서 목회의 열매를 거둘 수 있었던 것은 바로 복음의 본질과 적용을 위한 깊은 통찰과 이 지역 문화에 관해 오랜 기간 공부한 결과에 의한 것이다. 따라서 주요 사역은 신자든 아니든 뉴욕에 사는 사람의 내면적 욕구, 정서적이고 지성적인 영역에 대한 깊은 숙고와 함께 투명한 의사 결정 과정을 중요시하는 형태로 이끌어 간다는 점이다.

리디머 사역은 크게 아홉 가지로 구분된다.

① 신앙과 일을 위한 센터(Center for Faith & Work)
② 리디머 상담(Redeemer Counseling)
③ 호프 포 뉴욕(Hope for New York)
④ 리디머 직분(Redeemer Diaconate)
⑤ 시티 투 시티(City to City)

---

42 "Bio Tim Keller," http://www.timothykeller.com/author/ (2017년 11월 18일 접속).

⑥ 라이지 캠페인(The Rise Campaign)
⑦ 복음 안의 삶(Gospel in Life)
⑧ 도시 캠퍼스(City Campus)
⑨ 단기선교(Short-Term Missions)[43]

이 사역 중에 교회의 지역 참여 그리고 책임 실천과 관련이 있다고 여겨지는 사역을 살펴본다.

(1) 신앙과 일을 위한 센터(Center for Faith & Work, CFW)
이 사역은 교인이 일상의 삶을 통해 자신과 지역 사회 그리고 세계를 새롭게 할 수 있는 복음의 독특한 힘을 탐구하도록 돕는다. 그래서 리디머장로교회의 문화적 갱신의 중요 역할자로서 세계 속에 흩어져 살면서 교회를 세우고, 목양하고 또 권한을 부여하도록 돕는다. CFW의 프로그래밍, 수업, 이벤트는 신학 및 제자 훈련, 지역 사회 구성 등 모든 분야에서 혁신과 상상력을 탐구하고 증대하기 위한 세 가지 영역으로 구분된다.[44]

특히 CFW의 이벤트 중 하나인 '하나님의 영광을 위해 구성된 사역'(Formed to work for the glory of God)은 리디머의 포메이션 컨퍼런스 시리즈의 일환으로 업계 지도자, 문화 평론가, 신학자로 하여금 믿음과 일의 불가분의 관계에 관한 이해를 제공하도록 이틀의 일정으로 진행한다. 여기서는 기조 강연, 전시회 및 워크숍을 통해 세상에서 경험하는

---

43 "MINISTRIES," https://www.redeemer.com (2017년 11월 17일 접속).
44 "What/Why," http://faithandwork.com/about/1-what-why (2017년 11월 17일 접속).

하나님의 은혜에 관한 많은 표현을 탐구하게 되는데, 예술가, 교육자, 디자이너, 기술자, 주부, 엔지니어, 관리자, 기업가, 의사 등과 연대하고 소통하는 시간을 갖는다.[45]

(2) 호프 포 뉴욕(Hope for New York)

리디머장로교회는 뉴욕 맨해튼과 주변 지역의 오십 개 비영리 단체와 협력함으로써 교회의 사회적 책임을 실천하고 있다. 즉 교회가 직접이 아닌, 간접적인 방법으로 로컬 단체나 기관과 파트너십 관계로 일하는 것이다. 따라서 자원 봉사와 물질 지원 등의 형태로 교회의 미션 스테이트먼트에 명시한 대로 '복음운동을 통해 모든 사람을 위한 위대한 도시 건설을 돕기 위함'이다.

오십 개 비영리 단체 목록을 보면, 교회가 위치한 지역뿐 아니라, 주변의 광범위한 영역에서도 모두를 위한 도시가 되도록 구체적으로 기능하고 있음을 알게 된다. 특별히 전체적으로 또 지속적으로 가난하고 소외된 계층을 향한 교회의 집중된 관심과 책임을 보여 준다.[46]

---

[45] "Events Conference," http://faithandwork.com/events/123-faith-work-conference (2017년 11월 17일 접속).

[46] "HOPE FOR NEW YORK," http://hfny.org/ (2017년 11월 17일 접속). 50개 중, 비슷한 성격의 봉사 기관/단체는 가능한 빼고 소개한다: House of Beekman-총체적 장기요양 보호 아동과 가족 위해 개인 교습, 멘토링으로 돕는다. The Bowery Mission - 노숙자 남녀 청소년에게 음식, 옷, 샤워 쉘터, 예배당을 제공한다. The Bowery Mission Medical Clinic - 사회복지사, 의료 전문가가 노숙자와 무보험자에게 의료 봉사를 제공한다. The bridge - 정신 질환자, 약물 중독자, 노숙자, 에이즈 환자 및 병력이 있는 남녀에게 숙박을 제공한다. Brooklyn Arab American Friendship Center - 미국에 새로 이민 온 아랍인의 영어 수업 및 문화 행사를 제공한다. Center for all abilities - 신앙 중심의 환경에서 창조적, 교육적, 영적인 풍요를 통해 특별한 요구가 필요한 개인과 가족을 돕는 곳이다. Chinese Christian Herald Crusades - 미국에 이민 온 중국 청소년을 위한 교육과 멘토링 그리고 레크리에이션을 제공한다. Citymeals On Wheels - 도움이 필요한 뉴욕에 사는 노인을 집으로 찾아가 영양

(3) 시티 투 시티(City to City)

팀 켈러 목사가 2001년 "리디머 시티 투 시티(CTC) 사역"을 시작했고, 지금까지 전 세계 54개 도시에서 381개가 넘는 교회의 개척을 돕고 있다.[47] CTC는 도시에 교회를 개척하려는 사람이 그 도시에 살고 있는 사람들에게 보다 효과적으로 접근할 수 있도록 돕는다. 이 사역의 준비를 위한 파트너십 프로그램은 2년 과정으로 미국 전역에 교회뿐 아니라 글로벌 도시의 새로운 교회와도 파트너 관계를 맺고 맞춤형 교육을 제

가 있는 음식과 따뜻한 교제를 통한 지속적인 생명선을 제공한다. Defy Ventures – 전과 기록이 있는 남녀를 위해 창업, 리더십, 경력 개발을 위한 기회를 제공한다. Do For One – 사회적으로 소외된 장애인을 관련 사회 그룹과 연결시켜 주며, 이런 멘토링 관계는 사랑, 연합, 긍휼의 마음을 증진시켜 준다. Don't Walk By – 신앙을 토대로 한 단체들이 협력하여 노숙자를 돌보며 길거리 생활에 대한 대안을 마련해 준다. Exodus Transitional Community – 전에 감금된 경험이 있는 남성과 여성에게 지원 서비스를 제공한다. The Father's Heart Ministries – 사회나 가족의 지원이 없는 실직자, 위험에 있는 청소년, 이민자를 돕는다. Gifted Hands–미술, 음악, 디자인, 공예 수업, 관계 구축 활동 및 외출 등을 노인, 노숙자, 에이즈 환자 등을 대상으로 제공한다. Habit for Humanity – 자원봉사자를 동원하여 지역 사회 센터를 활성화시키고 저소득층 가정을 위한 저렴한 주택을 건설한다. New York City Relief – 버스를 모바일 스프 부엌으로 개조하여 도움이 필요한 지역 사회에 식량, 상담, 영적 도움 및 자원을 제공한다. New York City Rescue Mission – 위기에 처한 사람에게 영적 희망, 음식, 의복 및 피난처를 제공한다. The Open Door – 이민자가 사회의 웰빙에 성공적으로 통합,참여하고 공헌할 수 있도록 도와 하나님의 충분한 잠재력에 도달할 수 있도록 한다. Open Hands Legal Services – 뉴욕시의 가난한 사람과 시민권이 없는 사람에게 무료 법률 지원, 옹호 및 영적 지원을 제공하는 기독교 비영리 단체다. Prison Fellowship – 수감자 및 가족 그리고 지역 사회 모두에 희망과 회복을 주는 사역이다. Restore NYC – 외국인을 포함한 성매매 피해자를 확인하고 장기적, 총체적인 애프터케어서비스를 제공한다. ST. PAUL'S House – 노숙이나 중독 문제를 겪고 있는 사람에게 식량, 직업 훈련, 과도기적 주택 및 제자 훈련 프로그램을 제공한다. Urban Hope – 도심부 젊은이를 준비, 개발, 권한 부여를 통해 지역 사회를 변화시키도록 돕는다. Young Life – 청소년에게 다가가는 비종파적 기독교 사역이다. "ALL AFFILIATES," http://hfny.org/affiliates/alphabetical/ (2017년 11월 18일 접속).

[47] "WE HELP LEADERS BUILD GOSPEL MOVEMENTS IN CITIES," https://www.redeemercitytocity.com/ (2017년 11월 20일 접속). 교회 직원 Hunter Benson은 이메일을 통해, "건강한 지역 교회 개척과 세계 선교를 위해 일한다며, CTC 파트너십 참여를 위한 자리가 아직 약간 남아 있다"고 한다. 또 "새롭게 개척하는 교회와 MOU를 체결한다"고도 한다. (Date: Nov 29, 2017 11:38 AM).

공한다. 이 파트너십 관계 속에서 새로운 교회가 자립하고 성장할 수 있도록 일정액의 자금도 지원하고 있다.⁴⁸

(4) 라이즈 캠페인(The Rise Campaign)

"복음운동은 뉴욕에서 일어나고 있는 중이다."

이 캠페인은 뉴욕과 전 세계를 향해 복음적 영향력의 극대화를 위해 나아가는 10년 비전의 첫 번째 사역이다. 1989년 리디머장로교회가 시작될 당시 전체 미국인의 교회 출석률이 25%였던 반면, 뉴욕 시민의 출석률은 1% 미만이었다. 그렇지만 2009년에 3%, 2017년에 와서는 5%를 보이고 있다. 2026년에 가면 15%에 이를 것이란 확신을 갖고 도시 복음화를 위한 캠페인을 펼친다.⁴⁹

뉴욕 시민이 어떻게 살며 또 어떻게 일하고 있는가, 현장과 복음 사이의 더 폭넓은 연결을 위해 노력하고 있다. 이를 위해 도심 속에서 자비, 우정, 정의, 희망의 가치를 함께 발굴하고 실천함으로서 도시를 더 밝고 건강하게 변화시켜 갈 것으로 기대한다. 이를 위한 계획은 새 지체, 새 지도자, 새 건물의 우선적인 확보를 통해 구체화되는 단계로 접어들 수 있다고 본다.⁵⁰

---

48 "Partnership Program: Serving Churches in the U.S. and Abroad," http://www.redeemercity-tocity.com/blog/2017/7/19/partnership-serves-churches-in-us-and-abroad (2017년 11월 22일 접속). 지난 7월, CTC 파트너십 훈련이 뉴욕시의 CTC 사무실에서 열렸는데, 그 형식은 대화식이었고 프로그램 진행의 많은 부분을 다른 교회와 협력을 위한 시간으로 채웠다.
49 "RISE WHERE YOU ARE": "The vision," http://rise.redeemer.com/ (2017년 11월 22일 접속).
50 "Rise is the first phase of a decade-long plan," http://rise.redeemer.com/the-plan/ (2017년 11월 22일 접속).

(5) 은혜와 인종(Grace and Race)[51]

리디머장로교회는 우리 자신이 아닌, 우리의 도시를 사랑하고 섬기는 것을 추구한다(At Redeemer, we seek to love and serve our city, not ourselves). 이것은 불신자뿐만 아니라 가난한 사람, 이민자, 소외된 사람 등을 포함한다. 은혜와 인종은 리디머장로교회 내의 그룹으로서 민족과 인종의 장벽을 넘어서 모두에게 골고루 복음이 전해지도록 하는 데 이 사역의 목적을 두고 있다. 그래서 여기서는 기도와 친교와 문화적 선의 나눔을 원할 때 행사 및 장소를 제공한다. 동시에 어느 민족 어느 인종인지를 가리지 않고, 모두에게 동등한 기회가 제공되도록 하고 있다.[52]

4) 공공신학적 평가

공공신학적 측면에서 리디머장로교회를 통해서 볼 수 있는 긍정적인 면은 다음과 같다.

첫째, 비전 선언문에서 밝히고 있는 '복음운동을 통해 위대한 도시 건설을 이루겠다'는 가치와 전망을 긍정적으로 평가한다. 1989년 당시 뉴욕 시민의 교회 출석률이 1% 미만이었던 극히 저조한 도심에서 지역 복음화를 외친 것이다. 이렇게 가장 세속적인 도시의 한복판에서 교회를 시작하였다. 흔히 교회가 잘 되는 지역을 찾아, 바로 그 옆에 또 하나의 교회를 세우는 것과는 대조적이다. 이것은 팀 켈러 목사의 목회 철학

---

51 9개 주요 사역에는 없지만, 이 책 주제와 관련 있는 리디머장로교회 내의 중요한 그룹 사역이라 생각되어 소개한다.

52 "About," https://www.redeemer.com/r/grace_and_race (2017년 12월 6일 접속).

과도 연결되는데, 그는 도시가 갖는 전략적 중요성을 잘 알고 있는 목회자다. 이 때문에, 지역 교회가 다양한 도시 문화에 참여해야 하고 또 그러기 위해서 도시를 진정으로 사랑하는 방법을 가르친다.

둘째, 대형 교회로 가지 않겠다는 비전이다. 팀 목사는 메가처치가 되어 버리면 교회의 전통, 원형이 훼손될 것을 우려한다. 그래서 교회는 작아져야 한다는 점을 강조함과 동시에 계속해서 지교회로 나누어 가는 중이다.

셋째, 복음에 대한 강조와 동시에 문화에 대한 성찰을 중요시하는 방향으로 사역한다. 그래서 성경·교리적 측면과 함께 문화적 맥락과 상황을 살펴본다. 이것은 복음의 본질과 방법론 사이의 중간 지점, 곧 복음을 특정 문화 속으로 어떻게 가져갈 것인가에 대한 비전 없이는 안 되는 일이다. 따라서 신자와 비신자 모두 정서적·지성적인 영역에 대해 숙고하게 된다. 그 결과 개인적인 회심, 지역 공동체 형성을 위한 사역은 물론이고 문화 갱신과 사회 정의라는 무거운 요구까지 담아내고 있다.

넷째, 켈러 목사의 언어 사용 능력이다. 그는 도시의 청중을 향해 쉽게 알아들을 수 있는 언어로 소통하고자 한다.[53] 이것은 '중층적'(thick) 용어 대신에 '평이한'(thin) 언어를 사용함으로써 신앙의 연륜이 오래되지 않은 사람도 쉽게 듣고 이해할 수 있도록 배려하는 것이다.

---

53 "Preaching the Word and Quoting the Voice," http://www.nytimes.com/2006/02/26/nyregion/preaching-the-word-and-quoting-the-voice.html (2017년 12월 2일). 이 인터뷰에서 Timothy Keller 목사의 언어 사용에 관한 내용을 볼 수 있다: "… much of Redeemer is remark ably traditional -- there is no loud rock band or flashy video. What is not traditional is Dr. Keller's skill in speaking the language of his urbane audience." 한편, 인터뷰에 따르면, 팀 목사는 기독교 전통을 중요시하며 그래서 정통(orthodox)이란 용어를 선호한다.

다섯째, '하나님의 영광을 위해 구성된 사역'이란 컨퍼런스를 통해 업계 지도자, 문화 평론가, 신학자, 예술가, 교육자, 디자이너, 기술자, 기업가 등 각계의 사람들과 문화적 공적 영역의 확장을 위해 힘을 쏟고 있다는 점이다. 이것은 리디머장로교회가 사회 정의, 인권 등 거대 담론에서 뿐 아니라 공중의 실생활에서도 공적이며 또 신학적인 의미를 부여하는 일이다. 동시에 각 직종에서 문화적 표현과 실천을 맡고 있는 사람과의 연대와 소통은 오늘날 기독교의 실추된 공공성을 높이는 결과로도 이어지게 될 것으로 기대된다.

여섯째, 교회가 위치한 지역의 오십 개에 이르는 비영리단체와 협력을 통한 사회적 책임 감당에 있다. 즉 로컬 단체 혹은 기관과 파트너십 관계로 일하는 것이다. 특히 교회의 우선적 관심의 대상이 되어야 할 헐벗고 굶주리고 소외되고 가난한 계층을 향해 그 역할을 집중하고 있는 모습이다.

일곱째, 오늘날 미국의 도심 곳곳에 도사리고 있는 민족과 인종 간 두터운 장벽을 뛰어 넘어 모두에게 복음이 전해지게 하려는 목적을 갖고 일한다는 측면이다. 이를 위해 민족과 인종의 차별을 배제하고, 동시에 동등한 기회 제공과 함께 그들의 행사를 돕고 또 장소도 제공한다.

한편 현재 리디머장로교회는 팀 켈러 목사의 은퇴 후에 변환기(transitional period)를 맞고 있다. 교회라는 기관도 리더십이 교체되면 한동안 동요를 겪게 마련이다. 리디머장로교회도 예외가 아니다.[54] 다만 새로운

---

54 필자가 교회와 연락하고자 했을 때, 담당자를 찾기가 어려웠다. 더욱이 리디머장로교회가 지금까지 진행해 왔고 또 미래에도 추진하는 공적 영역에의 참여, 즉 정치, 경제, 사회, 환경 분야에서 직간접적인 책임에 관한 질문에 "지금은 변환기"라는 말만 반복적으로 듣게

리더십과 함께 리디머가 지향해 온 가치와 비전이 역동적이고 지속적인 모습으로 드러날 수 있길 기대한다.

되었다. 단, 교회를 직접 방문해서 일정 기간 관찰하지 못한 것은 이 책이 갖는 한계다.

제6장

결 론

1. 내용 요약

현재 한국 개신교와 이민 교회가 모두 큰 위기 상태라는 데 반론을 제기할 사람은 그리 많지 않을 것으로 보인다. 그 원인은 여러 가지로 볼 수 있겠지만, 필자는 이 책을 통해 그 동안 한국 교회가 공적 영역의 책임감 회피와 상실에 기인한다는 문제 의식에서 출발하였다. 다시 말해 한국 교회가 사회적인 공적 책임 수행에는 소홀하면서, 이기심과 개교회 중심적인 존재 방식에만 익숙해 있다는 의혹 때문이다.

이런 한국 교회를 가리켜 "말씀은 넘쳐나지만, 그 말씀대로 사는 사람이 적은 것이 문제"라고 지적한다. 따라서 우리는 말씀과 함께 그 말씀대로 살아가는 신앙의 모습으로 체질적 개선을 요구받고 있다(사 1:11-17). 여기서 초기 한국 기독교 선교사의 공적 영성과 이에 영향받은 한국 초대 교회를 통해 지금의 위기에 대한 해결책을 찾고자 하였다.

이 책은 총 여섯 장으로 구성되어 있다.

제1장 서론에 이어 **제2장**에서는 공적 영성에 신학적 근거를 찾는 데 집중하였다. 이를 위해 공공신학에 관한 논쟁의 시작부터 성경적 근

거와 원리 탐구 그리고 현대 신학자의 논의를 살펴보았다. 이어 공공신학의 틀 속에서 목회적 적용을 통한 사역의 영역을 제시하였다.

제2장 "1. 학문적 쟁점으로서 공공신학의 기반"에서 학문적 쟁점으로서 공공신학의 출발점을 어거스틴(St. Augustine)의 신학적 사회 윤리라고 적시하였다. 그래서 시민 사회를 위한 기독교 사회 윤리로서의 공공신학과 기독교 사회 윤리 차원에서의 신학의 공공성이 강조됨을 살펴보았다. 또 구약성경 속의 창조와 출애굽, 예언서와 지혜 문학 그리고 신약의 복음서와 바울 서신이 담고 있는 공공신학적 근거를 살펴보았다.

그 결과 그리스도의 복음은 사적 영역뿐 아니라 공적 영역에서의 그리스도인의 책무에 관한 말씀이고, 따라서 교회는 사적이라기보다는 공적이며, 동시에 기독교 신학도 하나님 나라와 관계된 공적인 신학이라는 사실을 확인하였다.

"2. 현대 신학자의 논의"에서는 공공신학과 관계되어 기독교 역사와 다양한 신학적 연구를 통해 계속 이어온 중요 전통을 살펴보았다. 특히, 1970년대 이후 공공신학에 대한 연구가 본격적으로 진행된 영국, 미국, 독일 그리고 제3세계 신학자로 나눠 논증하였다.

"3. 공공신학의 목회적 적용으로서 공적 영성"에서는 공공신학의 목회적 적용 영역으로 사회적 약자 배려와 사회적 구조, 정치·경제적 영역, 환경 문제에 대한 관심 등으로 각각 숙고하였다.

제3장 "1. 초기 한국 선교사의 영향력과 공적 영성"에서는 한국 초대 교회에 나타난 공적 영성을 알아보기 위해 초기 한국 선교사의 역할과 영성에 관해 살펴보았다. 그들은 피선교국의 상황을 고려해 직접적인 선교 활동보다 타협하는 자세로 교육과 의료, 문화 사업 등을 통해 교회의 공적 책임을 실천하는 사회의 공적 기관의 모습으로 한국인과

함께해 온 모습을 보았다.

"**2. 공적 영성으로 인한 사회적 영향**"에서는 한국 초대 교회가 중심에 서 있는 공적 영성으로 민족의 아픔과 함께하는 신앙의 전통을 마련한 모습이 서술되었다. 이것은 공적 영성을 통해 당시 한국 사회에 기독교 민족운동과 항일운동, 기독교 경제운동, 기독교 사회 개혁과 사회 문화운동의 영역에서 유의미한 영향력을 발휘했던 우리의 초기 교회사를 살펴보는 것이었다.

제4장 "**1. 공적 영성이 사라진 이유**"에서는 지금의 한국 교회는 초대 교회가 지녔던 공적 영성을 잃어가고 있다는 위기감과 함께 공적 영성이 사라지게 된 이유를 숙고해 보았다. 그것은 일제의 탄압과 해방 후 교회 분열, 또 신학의 부재로 인한 값싼 은총과 이분법적 사고와 이성 경시 태도 그리고 도를 넘는 개교회주의로 인한 대사회적 역할과 균형 상실 등을 주요 원인으로 꼽았다.

"**2. 공적 영성의 회복을 위한 대안 모색**"에서 공적 영성의 회복을 위해 제기되는 기본적인 신학적 과제와 연동하여 대안을 모색하였다. 따라서 목회자의 신학적 성찰과 공공신학적 관점의 제고를 위한 방안을 제시하였다. 또 평신도 교육 사역을 통한 공적 영성 회복의 관점에서 기존의 공적 영역을 바라보는 시각의 변화, 지역 사회와 만남과 소통의 강조 그리고 공동선을 위한 다양한 협력의 필요성을 설명하였다.

이어 **제5장**에서는 공적 영성의 회복을 위한 지역 참여와 사회적 책임을 실천하고 있는 교회 세 곳을 조사 연구하였다.

첫째, 한국의 용학교회로 92년 역사를 가진 시골 교회지만 전임 목사의 공적 영성에 따른 목회 철학과 이를 통한 지역 사회에 대한 책임 수행의 모습을 살펴보았다.

둘째, 필립 와그너 목사 부부가 목회하는 LA 오아시스교회로 다양한 인종과 문화적 배경을 가진 사람들이 교회 내외의 50개 커넥트 그룹으로 연결되어 사역하며 또 지역 사역과 해외 선교봉사 일에 열정적으로 참여하는 모습을 살펴보았다.

셋째, 도시가 갖는 전략적 중요성을 잘 이해하며, 도시 지역 교회로서 다양한 도시 문화에 참여를 통한 사회적 책임과 역할을 실천해 왔던 팀 켈러 목사의 뉴욕 리디머장로교회를 살펴보았다.

2. 제언

지금 한국의 개신교와 한인 이민 교회는 모두 교회 내외적으로 위기를 맞고 있다. 어떻게 이 위기를 돌파해 갈 것인가는 선택의 문제가 아니라 필수적 과제가 되고 있다. 그래서 초기 한국 기독교에 나타났던 공적 영성과 지금까지 연구하였던 주요 내용을 통해서 오늘의 위기에 대한 대안을 몇 가지로 나눠 제언하려고 한다

첫째, 그리스도 예수의 복음은 개인 구원뿐만 아니라 하나님 나라, 즉 공적인 나라에 대한 선포였다.

예수는 복음 선포를 통해 이 땅에 하나님의 통치가 이루어져서 모두에게 진정한 사랑과 정의 그리고 평화가 실현되길 원했다. 그런데 이처럼 하나님의 통치가 실현되기 위해서는 사회 내 공공의 모든 영역에서도 하나님의 뜻이 이루어져야 한다. 이 때문에 세상 속의 교회는 사적이

아니라 공적인 사명이 있는 것이고, 기독교 신학은 하나님 나라의 신학이며 또 이 하나님 나라의 지평 속에서 공공의 신학이다. 즉, 나 자신을 넘어 그리스도 예수를 바라보고 닮아가는 공적인 삶으로의 부르심이 그를 따르는 모든 사람에게 있기 때문이다.

둘째, 우리의 신앙은 개인 구원에 대한 집착만큼 전체 공동체를 염두에 둔 공적 신앙이어야 한다.

이를 위해 한국적 배경을 가진 기독교인은 무엇보다도 신앙의 인격적 내면화(personal) 측면과 사사화(private)라는 이 두 측면은 전혀 다른 개념이란 사실부터 이해해야 한다. 따라서 우선 개인의 영혼 구원을 위한 신앙의 인격적 내면화를 위해 애쓰고, 이를 이뤄가는 것이 중요하다. 또한 동시에, 지금 이웃이 맞고 있는 다양한 상황과 공공의 문제에 참여하여 실천적으로 반응하고 행동함으로써, 신자의 사회적 책임을 소홀하지 않는 모습을 통해 개인이 이룬 성숙한 신앙의 내면화는 입증된다.

이것은 신앙인이 개인적인 신앙 영역 중심으로, 그 곳에 집중하는 만큼, 교회 밖의 영역에 대한 책임과 실천도 소홀하지 않는 진정한 화해를 위한 일꾼의 모습으로 다시 돌아가야 함을 의미한다. 사실, 우리의 신앙은 관계라는 속성을 갖고 있으며, 이 관계 속에서 서로 다른 사람끼리 연결되어 신앙 공동체를 이루고자 할 때, 개인 신앙의 성숙과 동시에 신앙 공동체를 사적 집단이 아닌 공적 집단으로 자리매김 할 수 있게 된다.

셋째, 교회는 대사회적인 공적 책임에 소홀해서는 안 된다.

개교회 성장과 이기적인 개교회주의 모습으로 우리끼리 집단적인 사사로움을 탈피해 교회 밖과 지역 사회로 향해야 한다. 또 자신의 도덕적 순수성만을 주장하지 말고, 오히려 비신자가 살고 있는 공공의 장으로 나아가 그 현장에서 영적 윤리적 책임을 실천해야 한다. 그 이유로 오늘의 교회는 공적 영역 속에 존재하는 다양한 이슈에 관심을 갖고 참여하여 사회적 책임 수행을 통해 교회의 공공성을 회복해야 하는 절박한 시점에 이르렀기 때문이다.

따라서 우선 교회에는 하나님 사랑과 동시에 이웃 사랑의 윤리를 구체적으로 실천하는 모습이 시급하다. 즉 타자 예수와의 인격적 만남을 통해서 진정한 의미의 타자 곧 이웃과의 인격적 만남으로 이어져야 비로소 진정한 교회라 할 수 있기 때문이다. 이것은 곧 '십자가를 본받는 교회의 모습'과도 일치한다. 이를 위해 이웃의 필요를 채우는 노력과 모범을 보이는 지도력 그리고 사회를 향해 도덕적 권위와 힘을 발휘하는 것이 교회의 시급한 과제로 제시된다.

따라서 교회는 공공의 장으로 나아가 그 곳에서 일어나고 있는 여러 문제를 신학적 주제로 삼고 또 그 곳의 변화와 개혁을 추구하며 정직을 심어주고 인격적 공동체와 윤리적 목적을 추구하려 할 때, 비로소 교회가 공적인 삶과 공적 영역에 유익한 모습으로 자리할 수 있다.

넷째, 교회는 한국 초대교인이 일제하 항일 경제운동에서 보여 준 종교의 역할 중에 삶의 경제적 요인에 대한 관심에 소홀할 수 없다.

즉 교회가 시민 사회의 영역에서 함께 경제적인 공적 책임을 수행해야 한다. 이것은 교회가 기업의 도덕성과 관련된 긍휼과 정의의 가치를 실천해 부의 재분배를 통한 경제 정의를 실현해 가게 하는 신학적 성찰과 연결된다. 이를 위해서는 기업 구성원이 갖는 그들의 기업 문화, 효율적 자원 사용, 노동 윤리, 시간 사용의 중요성 등 주요 관심 대상이 된다.

그 이유는, 기업이란 하나님이 주신 기관으로서 구속사의 한 부분이며, 그래서 기업의 목적은 주주나 기업 경영인을 위한 이윤 창출보다 더 중요한 의미를 갖고 있기 때문이다. 이것은 기업이 도덕적 방식에 기초한 이윤 창출로 그 소명을 잘 감당할 수 있도록 이끌어 주어야 할 교회의 책임 중 하나다. 이를 통해 교회는 경제적 균형을 이루기 위한 성경적 목표를 향해 한 걸음 더 전진하게 된다.

다섯째, 지금 교회는 한국 초대 교회에서 볼 수 있듯 시대적 아픔을 끌어안고 윤리적 방향을 제시하며, 국가 사회를 향해 기독교의 새로운 소망을 말할 수 있어야 한다.

한국 교회는 구한말 거칠고 메마른 땅에 복음을 들여온 초기 선교사에게서 시작되었다. 당시 한국 교회는 소규모였지만 기독교 윤리에 기초한 사회 개혁운동에 앞장섰고 또 기울어가는 국운을 바로 세우려고 민족운동에도 앞장섰다. 그때는 보수나 진보 같은 이념적 갈등이 들어설 자리도 찾지 못했다. 오직 통전적 신앙으로 사회 개혁과 민족운동을 위한 공적 역할에 공감하며, 책임감 있는 모습으로 참여할 뿐이었다. 이를 위해 모든 사람과 관계를 중시하였고, 그러나 소수의 악이 주도하여 다수의 힘없는 이웃에게 불의를 강요할 경우, 용기 있게 변화를 말하기도 하였다.

이렇게 하였던 이유는, 진정한 신앙은 교회 안뿐만 아니라 우리 사회 전반의 모든 영역과도 관련되며, 하나님 나라를 위한 교회의 참여는 하나님의 통치가 정치, 경제, 사회, 문화, 예술, 학교와 직장 그리고 가정과 시장까지 임하도록 해야 하기 때문이었다.

따라서 교회의 사명은 세상을 변화시키고, 또 세상에 기본이 되는 각 사회적, 정치적 개혁을 위해서 제도와 법령을 개정 혹은 제정하기 위한 법적 구조적 차원의 노력을 '참여'라는 방식을 통해 '변화'를 이끌어

내야 한다. 즉 공적 교회로서 교인과 의견 수렴 과정을 통해 정치 사회적 이슈에 대한 윤리적 대안을 제시하고, 이것을 함께 실천할 수 있도록 이끌어야 하는 과제를 안고 있다. 그리고 때로는 교회의 선포가 반역적인 제도 혹은 체제까지 치료되고 회복되어 하나님께 진정으로 봉사할 수 있는 바른 위치에 이르도록 할 책임까지 포함하게 된다.

동시에 하나님의 창조 섭리로서 인간의 보편적 이성을 긍정적으로 평가하는 모습으로 나가야 한다. 그 결과, 기독교인이 1% 남짓한 소수자 종교 시대에도 초대 기독교인 개인과 교회는 그 사회와 대중으로부터의 높은 신뢰를 바탕으로 국가 사회의 개혁을 주도할 수 있었다.

여섯째, 교회는 공동선을 위해 대화하고 소통하려는 자세여야 한다.

오도노반이 말하는 교회의 교회됨은 공동체성의 의미에 대한 깊은 통찰인데, 이것은 단순한 교제의 개념을 넘어 실천적인 나눔 또 적극적 소통의 역동성까지 포함하는 것이다. 따라서 교회는 공적 영역을 대하는 자세를 재점검하고, 지역 주민과의 공감과 소통을 위해 헌신하는 모습을 보여 줄 수 있어야 한다. 동시에 바람직한 사회로의 개혁과 사회적 약자에게 도움을 주는 정책 마련을 위해서는 성숙한 시민사회 운동단체와의 소통과 협력이 중요한데, 이때 교회는 시민 단체를 경제적으로 지원하며 그들의 행사에 참여하고 봉사함을 통해 사회적 책임을 감당할 수 있게 된다.

일곱째, 교회는 분명한 정체성을 유지하면서 타 종교 및 타 학문과의 대화와 소통 그리고 파트너십과 연대성을 가지고 함께 공동의 선을 위한 대안을 제시하는 것도 요구된다.

이것은 한국 초대 교회가 3·1운동 당시 엄격히 서로 다른 신앙 세계가 존재했지만, 민족의 독립, 곧 공동의 선을 위해 기독교, 천도교, 불교 등과 함께 민족대연합전선을 형성해 일제에 대항했던 모습을 통해 그 필요성을 확인해 주고 있다. 이때 한국 교회는 가장 큰 희생을 치렀지만, 스스로 민족 사랑을 실천하며 억압 가운데 놓인 한국인의 중심을 잡아주는 소중한 역할을 하게 되었다.

여덟째, 교회는 신앙의 고백에서 신앙의 실천으로 초점을 옮겨가야 한다.

즉, 이제까지의 정통 신앙이 정통 실천과 연결되어 '하나'를 이루도록 해야 한다. 따라서 교회는 그리스도의 복음을 교회 안으로만 향하도록 할 것이 아니라, 지역 사회와 온 세상을 향해서도 보여 줄 수 있어야 한다. 이를 위해 우선 목회자의 공공신학적 관점의 제고를 통한 예리한 신학적 사고와 깊은 자기 성찰과 동시에 교회 밖에 '세상'을 바라보는 관점의 전환이 필요하다.

여기서 한국일이 말하는 세상의 공적 영역은 그냥 교회 밖의 영역이 아닌, 교회를 통해 실현해 가야 할 하나님 나라의 영역이라는 통찰은 모두가 깊게 새겨 볼 만한 것이다. 이 때문에, 목회자에게 칭의론과 하나님 나라에 대한 바른 이해 그리고 창조론·구원론의 균형 또 공적 영역에 대한 관심과 일반 은총 수용, 소통하는 리더십, 또 동시에 평신도에게도 공적 영역에 대한 올바른 이해와 이 지점에서의 소통과 협력의 자세가 요구되는 것이다.

교회는 스스로가 공적 공동체로서 공적 책임과 사명이 있다는 사실을 인식해야 한다. 이러한 교회의 책임과 사명은 할 수도 안 할 수도 있어 뒤로 미룰 수 있는 것이 아니다. 가장 우선시해야 할 교회의 본질적 역할이란 점을 알아야 한다. 교회는 이제까지의 믿음의 철저함과 동시에 그 믿음의 실천을 통해 교회가 진정으로 교회되게 하는 변화의 길을 찾아 나서길 바라는 마음이다. 모든 한인 교회가 중심에 서 있는 공적 영성으로 성육신적 사명을 더욱 잘 감당하며, 지역 사회에 더 깊게 헌신할 수 있길 바라며 결론을 맺는다.

참고 문헌

‖ 국내 서적

강만길. 『고쳐 쓴 한국현대사』. 서울: 창비, 2011.

고재길. "하나님 나라와 의 소통의 리더십." 공적신학과 교회연구소 편. 『하나님 나라와 지역 교회』. 경기: 킹덤북스, 2015, 379-421.

_____. 『한국 교회, 본회퍼에게 듣다』. 서울: 장신대출판부, 2014.

김경재. "공공신학(public theology)에 관한 한국 개신교의 두 흐름.공공철학시리즈 제16권 (동경: 동경대학출판회, 2006년, 2월): 417-447.

김동환. "올리버 오도노반의 정치신학." 「기독교사회윤리」 제32집(2015): 187-216.

김명배. "일제하 기독교 경제운동에 관한 공공신학적 성찰과 한국 교회의 과제." 「기독교사회윤리」 제23집 (2012): 125-157.

_____. "구한말 기독교 사회,민족운동에 대한 공적신학적 성찰." 이형기 외. 『공적 신학과 공적 교회』. 경기: 킹덤북스, 2010, 381-422.

김봉환 "하나님의 절대주권과 인간의 책임." 「칼빈신학논단」. 1 (10-03-2007).

김세윤. 『칭의와 성화』. 서울: 두란노, 2013.

김영동. "공적 선교신학 형성의 모색과 방향." 「장신논단」 46(2)(2014): 297-322.

김진혁. "세계 신학자와의 대화 5: 기독교 윤리를 넘어 정치신학으로-올리버 오도노반." 「기독교사상」 (2013. 3.): 162-178.

김형민. "공적 교회의 윤리적 책임."「기독교사회윤리」제26집(2013): 83-116.
류대영.『초기 미국 선교사 연구』. 서울: 한국기독교역사연구소, 2001.
문시영. "교회 안에서 시작하는 공공성." 이형기 외.『공적 신학과 공적 교회』. 경기: 킹덤북스, 2010, 139-165.
민경배.『한국 기독교회사』. 서울: 연세대학교 대학출판문화원, 2015.『한국 기독교사회운동사』. 서울: 대한기독교, 1987.
민종기.『한국 정치신학과 정치윤리』. 서울: KIATS, 2012.
박기찬, 심현주.『소통하는 팀, 소통하는 회사 만들기』. 경기: 파주, 2011.
박석종. "농촌목회 이야기."「농촌과 목회」. 2009년 여름호, 통권 42호, 80-90.
박정신.『근대한국과 기독교』. 서울: 민영사, 1997.
백종구.『한국 초기 개신교 선교운동과 선교신학』. 서울: 한국 교회사학연 구원, 2002.
_____. "한국 개신교 절제운동의 기원과 전개." 한국기독교학회 편.「한국 기독교 신학논총」제27집(2003): 337-365.
서원모. "존 아터톤의 제휴와 화해의 공적신학."『공적신학과 교회연구소 정기 학술 발표회』(2008. 12. 19.): 1-13.
성석환. "한국 공공신학의 실천과제로서의 문화변혁."「기독교사회윤리」제17집 (2009): 111-131.
새세대 교회윤리연구소 편.『공공신학이란 무엇인가?』. 서울: 북코리아, 2007.
신용하.『일제강점기 한국민족사(중)』. 서울: 서울대학교출판부, 2003.
안명준. "한국 교회의 신학적 문제점." 안명준 외,『한국 교회의 문제점과 극복방안』. 서울: 이컴비즈넷, 2006.
유경동.『영성과 기독교 윤리』. 서울: 프리칭아카데미, 2009.
이만열.『한국 기독교사 특강』. 서울: 성경읽기사, 1996.
_____.『한국 기독교와 역사의식』. 서울: 지식산업사, 1981.
_____. "한국 기독교 사회운동: 역사적 고찰." 이원규 편.『한국 교회와 사회』. 서울: 나단, 1996, 158-172.
"해방50년 한국 교회사를어떻게볼것인가." 한국기독교역사연구소.「한국 기독교와 역사」 제4호. 서울: 한국기독교역사연구소, 1995, 6-24.

이상규. "해방후 한국 교회의 민주화운동과 통일운동." 한국기독교역사연구소, 「한국 기독교와 역사」 제4호. 서울: 한국기독교역사연구소, 1995, 65-98.

이승구. 『기독교 세계관으로 바라보는 21세기 한국 사회와 교회』. 서울: SFC, 2005.

이원규. 『한국 교회 무엇이 문제인가?』. 서울: 감리교신학대학교, 1998.

이영헌. 『한국 기독교사』. 서울: 컨콜디아사, 1995.

이재정. "해방 후 한국 교회 분열과 에큐메니칼운동." 한국기독교역사연구소. 「한국 기독교와 역사」 제4호. 서울: 한국기독교역사연구소, 1995, 47-61.

이창호. "기독교의 공적 참여 모형과 신학적 '공동의 기반'의 모색." 「기독교사회윤리」 제31집(2015): 65-117.

이학준. 『다리를 놓는 사람들』. 경기: 두레미디어, 2006.

____. 『한국 교회, 패러다임을 바꿔야 산다』. 서울: 새물결플러스, 2011.

____. 『한국 교회를 위한 영성과 윤리』. 강의안. Pasadena: Fuller Theological Seminary, Summer 2016.

이혁배. 『한국 기독교 윤리 쟁점』. 서울: 동인, 2011.

이형기. "화해와 치유의 생명공동체로서 '하나님 나라와 교회.'"(II) 공적신학과 교회연구소 편. 『하나님 나라와 지역 교회』. 경기: 킹덤북스, 2015, 55-107.

____. "교회의 본질과 교회의 공적책임." 이형기 외. 『공적 신학과 공적 교회』. 경기: 킹덤북스, 2010, 83-136.

임희국. "한국 교회의 공적책임 실천, 그 역사적 사례." 이형기 외. 『공적 신학과 공적 교회』. 경기: 킹덤북스, 2010, 425-451.

윤철호. "공적신학의 주요 초점과 과제." 「한국조직신학논총」 제46집 (2016): 175-214.

장신근. 『공적 실천신학과 세계화시대의 기독교 교육』. 서울: 장신대출판부, 2007.

____. "공적신학이란 무엇인가?." 이형기 외. 『공적 신학과 공적 교회』. 경기: 킹

덤북스, 2010, 27-79.

장규식. "1920-30년대 YMCA 농촌사업의 전개와 그 성격." 한국기독교역사연 구소.「한국 기독교와 역사」제4호. 서울: 한국기독교역사연구소, 1995, 207-261.

____.『일제하 한국 기독교민족주의 연구』. 서울: 혜안, 2001.

전택부.『한국 기독교청년회운동사』. 서울: 정음사, 1978.

조기준. "한국사 21: 3·1운동 전후의 사회와 경제." 국사편찬위원회 편『일제의 경제정책』. 서울: 탐구당, 1980, 49-106.

차정식.『예수, 한국 사회에 답하다』. 서울: 새물결플러스, 2012.

한국기독교역사연구소.『한국 기독교의 역사 I』. 서울: 기독교문사, 1989.

____.『한국 기독교의 역사 II』. 서울: 기독교문사, 1990.

한국일. "복음전도와 교회의 공적책임." 이형기 외.『공적 신학과 공적 교회』. 경 기: 킹덤북스, 2010, 169-221.

"공공신학(public theology)에 관한 한국 개신교의 두 흐름: 보수적 기독교의 사 유화 신앙과 진보적 기독교의 참여의 신앙." 2017년 3월 인용. Online: http://blog.naver.com/aaaa8160/100022879502

"순교자 배출한 해제 용학교회." 2017년 11월 인용. Online:http://blog.daum. net/_blog/BlogTypeView.do?blogid=0QMRs&articlno=104&category-Id=0&regdt=20140501102440

"세속 도시 뉴욕을 '안디옥'으로 만들다." 2017년 11월 인용. Online: http:// news.kmib.co.kr/article/print.asp?arcid=0923504972

"오아시스교회, 다인종 다문화 특징." 2017년 9월 인용. Online: http://www. christiantoday.us/sub_readhtml?uid=22557&section=sc135

"이색교회 탐방-리디머장로교회." 2017년 11월 인용. Online: http://www.kore-adaily.com/news/read.asp?art_id=282937 9

"한인타운에 미국 대형교회 들어선다." 2017년 9월 인용. Online: http://www. chpress.net/detail.asp?id=8163&cate=

‖ 번역 서적

신포 조지. "조선에서 기독교의 활동." 한국기독교역사연구소. 「한국 기독교와 역사」. 제4호. 김승태 역. 서울: 한국기독교역사연구소. 1995. 321-335.

Frost, Michael and Alan Hirsch. 『세상을 바꾸는 작은 예수들』(ReJesus: A Wild Messiah for a Missional Church). 홍병룡 역. 서울: 포이에마, 2009.

＿＿＿. 『새로운 교회가 온다』(The Shaping of Things to Come). 지성근 역. 서울: IVP, 2009.

Gorman, Michael J. 『삶으로 담아내는 십자가』: 십자가 신학과 영성』(Cruciformity: Paul's Narrative Spirituality of the Cross). 박규태 역. 서울: 새물결플러스, 2010.

George, Timothy. 『개혁자들의 신학』(Theology of the Reformers). 이은선, 피영민 역. 서울: 요단출판사, 2000.

Huber, Wolfgang. "종교, 평화를 조장하는가, 분란을 일으키는가?." 「시대와 민중신학」 7. 손성현 역. 서울: 제3시대그리스도교연구소, 2002. 7.: 365-372.

Moltmann, Jürgen. "정치신학과 해방 신학." 『그리스도가 계신 곳에 생명이 있습니다』(Wo Christus ist, da ist Leben). 채수일 역. 서울: 대한기독교서회, 1997.

＿＿＿. "신학이란 무엇인가?." 『신학의 방법과 형식』(Erfahrungen theolo-gischen Denkens). 김균진 역. 서울: 대한기독교서회, 2001.

＿＿＿. 『세계 속에 있는 하나님』. 곽미숙 역. 서울: 동연, 2009.

Mouw, Richard J. 『문화와 일반 은총』(He Shines in All That's Fair: Culture and Common Grace). 권혁민 역. 서울: 새물결플러스, 2012.

Stackhouse, Max L. "공공신학이란 무엇인가?"(A Public Theology for a Global Era). 이상훈 역. 새세대 교회윤리연구소 편. 『공공신학, 어떻게 실천할 것인가?』. 서울: 북코리아, 2008.

＿＿＿. 『지구화, 시민 사회, 기독교 윤리』. 심미경 역. 서울: 패스터스 하우스, 2005.

＿＿＿. 『세계화와 은총』(Globalization and Grace). 이상훈 역. 서울: 북코리아, 2013.

Wallis, Jim. 『회심』(The Call To Conversion). 정모세 역. 서울: IVP, 2008.

＿＿＿. 『하나님 편에 서라』(On God's Side). 박세혁 역. 서울: IVP, 2014.

|| 외국 서적

Bonhoeffer, Dietrich. *Christ The Center*. New York: Harper and Row, 1960.

De Gruchy, John W. "From Political to Public Theologies: The Role of Theology in Public Life in South Africa." William F. Storrar and Andrew R. Morton, eds., *Public Theology for the 21st Century*. Edinburgh: T&T Clark, 2004.

____. "Public Theology as a Christian Witness: Exploring the Genre." *International Journal of Public Theology*, 1, 2007.

Kuyper, Abraham. "Common Grace." in James D. Bratt, ed., *Abraham Kuyper: A Centennial Reader*. Grand Rapids: Eerdmans, 1998.

Luther, Martin. "Preface to the Epistle of St. Paul to the Romans." in John Dillenberger, ed., *Martin Luther: Selections from His Writings*. Garden City, NY: Doubleday, 1961.

Morton, Andrew R. *Duncan Forrester: A Public Theologian, Public Theology for the 21st Century*. London: T&T Clark, 2004.

Moltmann, Jürgen. "Theology for Christ's Church and the Kingdom of God in Modern Society." in Moroslav Volf. ed., *A Passion for God's Reign*. Grand Rapids, Michigan: Eerdmans, 1998.

Marty, Martin. *The Public Church: Mainline-Evangelical-Catholic*. New York: Crossroad, 1981.

O'Donovan, Oliver. *Common Objects of Love: Moral Reflection and the Shaping of Community*. Grand Rapids, Michigan: Wm. B. Eerdmans, 2002.

____. *Resurrection and Moral Order: An Outline for Evangelical Ethics*. Grand Rapids, Michigan: Wm. B. Eerdmans, 1994.

____. *The Desire of the Nations: Rediscovering the Roots of Political Theology*. Cambridge: Cambridge University Press, 1996.

Paik, L. George. *The History of Protestant Missions in Korea, 1832-1910*. Seoul: Yonsei University Press, 1987.

Ro, Bong Rin and Marlin L. Nelson. "The Korean Church: God's Chosen People for Evangelism." *Korean Church Growth Explosion*. Seoul: Word of Life Press, 1995.

Stackhouse, Max L. *Civil Religion, Political Theology and Public Theology, Political Theology*, no. 3, July 2004.

_____. *Public Theology and Political Economy: Christian Stewardship in Modern Society*. Grand Rapids, MI: Eerdmas, 1987.

Shearer, Roy E. *Wildfire: Church Growth in Korea*. Grand Rapids, Michigan: Wm. B. Eerdmans, 1966.

Storrar, William F. and Andrew R. Morton. *Introduction, Public Theology for the 21st Century*. London: T&T Clark, 2004.

Walzer, Michael. *Exodus and Revolution*. New York: Basic Books, 1985.

Wink, Walter. *Engaging the Powers: Discernment and Resistance in a World of Domination*. Minneapolis: Fortress Press, 1992.

"ABOUT." Cited 19 Sep. 2017. Online: http://www.oasisla.org/about/

"About." Cited 24 Nov. 2017. Online: https://www.watoto.com/about/

"About Us." Cited 20 Nov. 2017. Online: http://www.alexandriahouse.org/

"About." Cited 5 Dec. 2017. Online: https://www.redeemer.com/r/grace_and_race

"About Global Outreach & Missions." Cited 22 Nov. 2017. Online: http://www.oasisla.org/outreach/

"ALL AFFILIATES." Cited 18 Nov. 2017. Online: http://hfny.org/affiliates/alphabetical/

"A Focus on Housing-TRANSFORMING LIVES." Cited 21 Nov. 2017. Online: http://www.epath.org/site/WhatIsPATH/focus-on-housing.html

"Bio Tim Keller." Cited 18 Nov. 2017. Online: http://www.timothykeller.com/author/

"CHURCHES." Cited 13 Nov. 2017. Online: https://www.redeemer.com

"Events Conference." Cited 17 Nov. 2017. Online: http://faithandwork.com/
events/ 123-faith-work-conference

"GROWTH." Cited 23 Nov. 2017. Online: http://www.oasisla.org/growth/

"GROUPS." Cited 11 Nov. 2017. Online: http://www.oasisla.org/groups/

"HOPE FOR NEW YORK." Cited 17 Nov. 2017. Online: http://hfny.org/

"John Wesley quotes." Cited 24 Apr. 2017. Online: http://thinkexist.com/quotation/do_all_the_good_you_can-by_all_the_means_you_can/148152.html

"Local Churches Preach Messages Of Hope, …Recent Violence." Cited 22 Nov. 2017. Online: http://losangeles.cbslocal.com/2016/07/10/local-churches -preach-messages-of-hope-inclusion-acceptance-in-wake-of-recent-violence/

"Making It Home by the numbers." Cited 21 Nov. 2017. Online: http://www.epath.org/site/main.html

"MINISTRIES." Cited 14 Nov. 2017. Online: https://www.redeemer.com

"Oasis Church Pastors Philip and Holly Wagner." Cited 5 Nov. 2017. Online: http://www.risenmagazine.com/oasis-church-pastors-philip-holly-wagner

"Our eight core values." Cited 17 Nov. 2017 Online: https://www.redeemer.com/ learn/vision_and_values

"Our History." Cited 24 Nov. 2017. Online: https://www.watoto.com/about/

"Our vision." Cited 17 Nov. 2017. Online: https://www.redeemer.com/learn/vision _and_values

"Partnership Program: Serving Churches in the U.S. and Abroad." Cited 22 Nov. 2017. Online: http://www.redeemercitytocity.com/blog/2017/7/19/ partnership-serves-churches-in-us-and-abroad

"Preaching the Word and Quoting the Voice." Cited 18 Nov. 2017. Online: http://www.nytimes.com/2006/02/26/nyregion/preaching-the-word-

and-quoting-the-voice.html

"Redeemer history." Cited 13 Nov. 2017. Online: https://www.redeemer.com/learn/about_us/redeemer_history

"RISE WHERE YOU ARE"; "The vision." Cited 22 Nov. 2017. Online: http://rise.redeemer.com/

"Rise is the first phase of a decade-long plan." Cited 22 Nov. 2017. Online: http://rise.redeemer.com/the-plan/

"SATURDAY OUTREACH." Cited 20 Nov. 2017. Online: http://www.oasisla.org/outreach/

"Tim Keller Stepping Down as Redeemer Senior Pastor." Cited 14 Nov. 2017. Online: http://www.christianitytoday.com/news/2017/february/tim-keller-stepping-down-nyc-redeemer-senior-pastor.html

"Welcome to Redeemer Downtown!." Cited 13 Nov. 2017. Online: http://downtown.redeemer.com/

"WE HELP LEADERS BUILD GOSPEL MOVEMENTS IN CITIES." Cited 20 Nov. 2017. Online: https://www.redeemercitytocity.com/

"What is PATH?." Cited 21 Nov. 2017. Online: http://www.epath.org/site/main.html

"What/Why." Cited 17 Nov. 2017. Online: http://faithandwork.com/about/1-what-why

"WHY WATER?." Cited 24 Nov. 2017. Online: https://generosity.org/; https://generosity.org/why-water/